Dominicus Gundissalinus, Paul Correns

Die dem Boethius fälschlich zugeschriebene Abhandlung

des Dominicus Gundisalvi de Unitate

Dominicus Gundissalinus, Paul Correns

Die dem Boethius fälschlich zugeschriebene Abhandlung
des Dominicus Gundisalvi de Unitate

ISBN/EAN: 9783743613195

Hergestellt in Europa, USA, Kanada, Australien, Japan

Cover: Foto ©ninafisch / pixelio.de

Manufactured and distributed by brebook publishing software (www.brebook.com)

Dominicus Gundissalinus, Paul Correns

Die dem Boethius fälschlich zugeschriebene Abhandlung

BEITRÄGE ZUR GESCHICHTE DER PHILOSOPHIE DES MITTELALTERS.

TEXTE UND UNTERSUCHUNGEN.

HERAUSGEGEBEN

VON

DR. CLEMENS BAEUMKER,

O. Ö. PROFESSOR AN DER UNIVERSITÄT BRESLAU.

BAND I. HEFT 1.

DR. **PAUL CORRENS,** DIE DEM BOETHIUS FÄLSCHLICH ZUGESCHRIEBENE ABHANDLUNG DES DOMINICUS GUNDISALVI DE UNITATE.

MÜNSTER 1891.

DRUCK UND VERLAG DER ASCHENDORFF'SCHEN BUCHHANDLUNG.

DIE DEM
BOETHIUS FÄLSCHLICH ZUGESCHRIEBENE ABHANDLUNG
DES
DOMINICUS GUNDISALVI DE UNITATE.

HERAUSGEGEBEN

UND

PHILOSOPHIEGESCHICHTLICH BEHANDELT

VON

DR. PAUL CORRENS.

MÜNSTER 1891.
DRUCK UND VERLAG DER ASCHENDORFF'SCHEN BUCHHANDLUNG.

Textgrundlage.

Der folgende Traktat wird in einer Reihe (S. 12 f. aufgeführter) Handschriften verschiedenen Verfassern zugeschrieben. Gedruckt ist er unter den Werken des Boethius in der Ausgabe Basel 1546 bei Henrikpeter (S. 965—967) und darnach in der Ausgabe Basel 1570 (S. 1274—1276) und bei Migne, Patrol. curs. compl. Scr. lat. T. 63 (col. 1075—1078) [1]). Alle diese gleichlautenden Drucke sind durch zahlreiche Textverderbnisse und nicht unbeträchtliche Lücken vielfach bis zur völligen Unverständlichkeit entstellt.

Ich bezeichne die Lesarten der Baseler Ausgabe von 1546 im kritischen Apparat mit **a.**

An handschriftlichem Material zur Herstellung des Textes standen mir Collationen von folgenden drei Handschriften der Pariser National-Bibliothek zu Gebote:

A Bibl. nat. fonds lat. 16605, Pgmthdsch. des XIII. Jahrh. Das Blatt (fol. 73), welches den Traktat enthält, ist stark verstümmelt. Der Text endet mit den Worten: *extremitatis uni-[tatis]* (S. 7, 4), und auch in dem erhaltenen Teile sind an den Rändern und in der Mitte grosse Lücken. Das Fragment

---

[1]) Der Anfang unserer Schrift (bis S. 4,5) ist ziemlich korrekt von dem zu Münster und Alkmaar wirkenden Humanisten Johannes Murmellius in seinem Commentar zu Boethius consol. philos. III, pros. 11 (zuerst erschienen Deventer 1514; vgl. D. Reichling, Joh. Murmellius, Freib. i. Br. 1880, S 100 f. 155) veröffentlicht. In der Baseler Ausgabe des Boethius von 1570, welche jenen Commentar wieder abdruckt, steht die Stelle S. 1055.

dieser ältesten und besten Handschrift reicht indes hin, um hinsichtlich der beiden folgenden Handschriften den Streit um den Vorrang, namentlich hinsichtlich der Wortstellung, zu Gunsten von B zu entscheiden. — Im kritischen Apparate habe ich, wo es von Nutzen schien, die Lesarten von A angegeben, nicht aber, um denselben nicht über Gebühr zu belasten, die zahllosen Lücken. Aus dem Schweigen des Apparates über A kann daher nicht auf die Lesung von A geschlossen werden.

B Bibl. nat. fonds latin 14700, Pgmthdschr. des XIV. Jahrh. Der Traktat findet sich fol. 327^r —328^v.

C Bibl. nat. fonds latin 6443, Pgmthdschr. des XIV. Jahrh. Die Schrift *de unitate* steht fol. 193^r —194^r.

De unitate liber.

Unitas est, qua unaquaeque res dicitur esse una. Sive enim sit simplex sive composita, sive sit spiritualis sive corporea: res unitate una est; nec potest esse una nisi unitate, sicut nec alba nisi albedine, nec quanta nisi quantitate. Non solum autem 5 unitate una est, sed etiam tamdiu est, quidquid est, id quod est quamdiu in se unitas est. Cum autem desinit esse unum, desinit esse id quod est. Unde est illud: quidquid est, ideo est, quia unum est. Quod sic ostenditur:

Omne enim esse ex forma est, in creatis scilicet. Sed nullum 10 esse ex forma est, nisi cum forma materiae unita est. Esse igitur est nonnisi ex coniunctione formae cum materia. Unde philosophi sic describunt illud dicentes: esse est existentia formae cum materia. Cum autem forma materiae unitur, ex coniunctione utriusque necessario aliquid unum constituitur. 15

---

1 Incipit liber Alexandri de unitate **C** *om* **A B** Anitii Manlii Severini Boethi de unitate et uno **a**   2 Utilitas **B**   dicatur **C**   esse *om* **A** una esse **C**   3 sit *post* enim *om* **A**   sit *post* sive *om* **B a** 4 nec *post* sicut *om* **a**   6 est *post* quidquid *om* **a**   7 in se *om* **C**   8 id *om* **A** quod ... illud *om* **B**   *Post* quod est **C** *repetit verba* quamdiu unitas est cum autem desinit esse unum desinit esse id quod est.   Unde] unum **C** unde **A a**   illud] hoc **C a** illud **A**   ideo est **A a** ideo **B** *om* **C** 9 quia] quod **a**   10 omne] sne **C**   rebus creatis **a**   scilice *om* **a**   12 igitur] enim **a**   non est nisi **a**   ex coniunctione **a** ex coniuctione **C** coniunctione **B**   13 sic describunt] dicunt **a** dicentes **A B** dicens **C** describentes **a**   14 in materia **a**   materiae *om* **C**   15 aliquid unum **A B a** unum aliquid **C**

1*

In qua constitutione illud unum non permanet, nisi quamdiu unitas formam cum materia tenet. Igitur destructio rei non est aliud quam separatio formae a materia. Sed separatio et unitio contraria sunt. Igitur si ex separatione destruitur res, profecto
5 in suo esse nonnisi unitione servatur. Unitio autem non fit nisi unitate. Quae cum ab unito separatur, unitio, qua unum erat, dissolvitur. Soluta autem unitione destruitur essentia eius, quod ex earum unitione provenerat; quare fit non-unum. Quapropter sicut unitate res ad esse ducitur, sic et unitate in illo esse
10 custoditur. Unde esse et unum inseparabiliter concomitantur se et videntur esse simul natura.

Quia enim creator vere unus est, ideo rebus, quas condidit in hoc numero, dedit, ut unaquaeque habeat esse una. Ac per hoc, quia ex quo res habet esse, una est: ideo motus omnium
15 substantiarum est ad unum et propter unum; et nihil eorum, quae sunt, appetit esse multa, sed omnia, sicut appetunt esse, sic et unum esse. Quia enim omnia esse naturaliter appetunt, habere autem esse non possunt, nisi sint unum, ideo omnia ad unum tendunt. Unitas enim est, quae unit omnia et retinet
20 omnia diffusa in omnibus, quae sunt.

Quapropter quia materia non habet esse nisi per unitionem sui cum forma, formam autem non tenet unitam cum materia nisi unitas: ideo materia eget unitate ad uniendum se et

2 Igitur **A B C** sed **a**   destractio **C**   3 formae . . . separatio *om* **B**   4 si ex separatione] separatione si **a**   destruitur res] res destrahitur **C** res destruitur **a**   5 unitione **B** unitate **C a**   conservatur **a**   nisi **A C a** ubi (*ex compendio male intellecto*) **B**   6 ab unitate **a**   Quae cum] qua est **a**   unito **B** unitate **C** unitione **a**   separatur unitio *om* **a**   qua unum erat] quod erat unum **a**   7 unione **a**   destrahitur **C**   8 unitione egrum (*sic*) **C**   quare **B** qua **C** et **a**   9 unitate *post* et *om* **a**   illo] alio **C** *qui in margine addit*: al' illa   10 Unum esse et unum **a**   11 esse *om* **a**

12 vere *om* **a**   13 in hoc numero **C** hoc in munere **B a**   unaquaeque res **C**   habeat esse una **C** habeat esse et una **B** esset etiam una **a**   atque **C**   14 quia *om* **C a**   omnium *om* **a**   15 ad vunum **C** 16 multa *om* **a**   16—17 esse . . . appetunt *om* **a**   18 esse *post* autem *om* **B**   sint *om* **a**   19 tenet **a**   21 unionem **B a**   22 cum] con **B** forma formam **B** forma forma **C a**   unitatem **a**   23 unitas sit **a**

ad suscipiendum esse. Materia enim contraria est unitati, eo quod
materia per se diffluit et de natura sua habet multiplicari, dividi
et spargi, unitas vero retinet, unit et colligit. Ac per hoc ne
materia dividatur et spargatur, necesse est, ut ab unitate
retineatur. Quidquid autem eget alio ad uniendum se, non 5
unitur per se. Igitur materia non unitur per se. Quod autem
per se non unitur, per se utique spargitur, quia omnis res, quae
facit aliquam rem contraria agentis, facit contrariam factae
rei: contrariorum enim contrarii sunt effectus. Quapropter quia
unitas facit unum, profecto materia faciet divisionem. Ac per 10
hoc unitas per se retinet materiam. Sed quod per se retinet,
non potest facere separationem. Forma ergo existens in materia,
quae perficit et custodit essentiam cuiusque rei, unitas est
descendens a prima unitate, quae creavit eam.

Prima enim et vera unitas, quae est unitas sibi ipsi, 15
creavit aliam unitatem, quae esset infra eam. Sed quia omne
creatum omnino diversum est ab eo, a quo creatum est, profecto
creata unitas a creante unitate omnino diversa esse debuit et
quasi opposita. Sed quia creatrix unitas non habet principium
neque finem nec permutationem nec diversitatem, ideo creatae 20
unitati accidit multiplicitas et diversitas et mutabilitas; ita ut
in quadam materia sit habens principium et finem, in quadam
vero principium et non finem, quia in quibusdam subiacet permutationi et corruptioni, in quibusdam permutationi sed non

---

1 ad suscipiendum **A B** suscipiendum **C** ad suscipiendum . .
diffluit et *om* **a** 3 unit **B a** tenet **C** At **C** haec **a** 4 est *om* **B**
5 eget . . . autem *om* **a** 6—7 Quod . . . unitur per se *om* **B** 7 omnis **A B**
a ostendunt **C** 7 res *om* **a** 8 contraria agentis **B** contrariam agentis
C contrariam agenti **a** 9 Quapropter *om* **a** unitas quia **C** 10 pro-
fectio **a** 11 faciet **A B** facit **C a** unitas per se retinet materiam
A B a unitas retinet materiam per se **C** quod] quidquid **B**
12 Forma ergo **A B a** Ergo forma **C** materia est **a** 13 cuiuslibet **a**
14 uitate **C**
15 vera **A B** una **C a** 17 omnino *om* **a** ab eo *om* **B C a** in **A** est
fenestra; addit Hauréau, *Mémoires de l'acad. des inscriptions* XXIX 2 *Paris
1879 p.524 not. 1* est post creatum *om* **a** 18 a *ante* creante *om* **A** unitate *om* **a**
21 et *ante* diversitas *om* **a** 22 post habens principium **a** *addit* ut in generalis.
23 post vero **a** *addit* ut in creatis non finem **B** finem non **C** finem **a**
23 24 subiacet permutationi . . . permutationi *om* **B** 24 in quibusdam . . .
corruptioni *om* **a** sed] et **C**

corruptioni. In quibus enim materia est subtilis, simplex, remota a contrarietate et separatione, parificatur ei unitas et'unitur cum ea sic, ut haec et illa sint unum non divisibile in actu; sicut in caelestibus, in quibus unitas a materia inseparabilis est; et ideo carent fine, quia perpetua sunt. In quibus vero materia fuerit spissa, debilis, non adaequatur ei unitas, sed debilitatur in uniendo et retinendo eorum essentiam, et ob hoc dissolvitur essentia eorum, quia non retinetur ab unitate; sicut in generatis, quae habent principium et finem. Quanto enim unaquaeque unitas fuerit propinquior primae et verae unitati, tanto materia formata per illam erit magis una et simplicior; et e contrario, quanto remotior fuerit a prima unitate, tanto erit multiplicior et compositior.

Et ob hoc unitas, quae duxit ad esse materiam intelligentiae, est magis una et simplex, non multiplex nec divisibilis essentialiter; sed si divisibilis est, hoc siquidem accidentaliter est; et ideo haec unitas simplicior et magis una est omnibus unitatibus, quae ducunt ad esse ceteras substantias, eo quod immediate cohaeret primae unitati, quae creavit eam. Sed quia unitas subsistens in materia intelligentiae est unitas simplicitatis, ideo necessario unitas subsistens in materia animae, quia infra eam est, crescit et multiplicatur et accidit ei mutatio et diversitas, et sic paulatim descendendo a superiore per unumquemque gradum materiae inferior unitas augetur et multiplicatur, quousque pervenitur ad materiam, quae sustinet quantitatem, scilicet substantiam huius mundi. Quae quia a prima unitate remotissima

---

1 quibus] quibusdam **A B C a** enim **B C a** vero **A** subtilis est **C** 2 parificatur **A B C** perficitur autem **a** ei *om* **C** 3 sic ut] sicut **a** sint] sunt **C** sicut **a** unum *om* **a** 4 caelestibus corporibus **a** 5 materia fuerit **A B a** fuerit materia **C** 6 non **C a** nec **B** ei (*scil.* materiae) **A B C** eis **a** 7 et retinendo *om* **a** ob **A B a** propter **C** 9 unaquaeque *om* **C** 10 erit **C** fuerit *post* propinquior **a** et verae *om* **C** 11 e converso **a**

14 ob hoc] ideo **C** duxit **A B a** inducit **C** 15 et non multiplex **a** neque divisibilis **C** 16 essentialiter .. divisibilis *om* **B** si **A a** *om* **C** (*et* **B**) 17 simplicior est et **C** est una **C** 19 choerent **B** adhaeret **a** 21 est infra eam **C** 22 immutatio **B** 23 superiori **a** unumquemque] unum **a** 25 pervenit **C** pervenietur **a** 26 mundi *om* **a** modi **B**

est, ideo spissa et corpulenta et constricta est et propter spissitudinem et grossitudinem suam opposita est substantiae superiori, quae est subtilis et simplex, quoniam illa est subiectum principii et initii unitatis, haec vero est subiectum finis et extremitatis unitatis. Finis vero multum distat a principio, quoniam finis non est dictus nisi defectus virtutis et terminus. Unde secundum descensum unitatis a superiore ad inferius fit degeneratio suae simplicitatis et minoratio suae virtutis, ad similitudinem aquae, quae in ortu suo subtilis et clara nascitur, sed paulatim deorsum defluens in paludibus et stagnis inspissatur et obscuratur. Sic paulatim variatur unitas propter varietatem materiae, quae sustinet eam. Nam quia aliquid materiae est spirituale et aliquid eius corporale, est aliquid eius purum et lucidum et aliquid eius est spissum et obscurum, et hoc propter quantitatem, cuius partes in aliquibus sunt rariores, ut in aëre, in aliquibus vero constrictiores, ut in lapide. Ideo unaquaeque pars materiae secundum gradum suae elongationis a prima unitatis origine recipit unitatem, qua dignior est ex sua aptitudine. Inde est, quod videmus partes ignis nimis unitas et simplices et aequales, adeo quod forma eius videtur una, non habens in se diversitatem; partes vero aëris et aquae invenimus magis diversas et separatas, adeo quod partes eorum et unitates discerni possunt; in duris autem et spissis unitatis iam maior est diversitas et obscuritas.

---

1 ideo ... est *om* **a** et *post* spissa *om* **C** confracta **C** 2 et *om* **a** crassitudine sua **a** est *om* **a** 4 haec ... unitatis *om* **a** est subiectum *om* **C** (et **a**) extremitatis **A B** extremitas **C** 5 *Post* uni[tatis] *deficit* **A** 6 virtutis **B** utriusque **C** virtutis principii **a** 7 generatio **B** degeneratio **a** degradatio **C** suae] sive **a** 8 minorationis **a** virtutis **B a** unitatis **C** 10 fluens **a** in paludibus **B** de paludibus **C** spissatur et obscuratur **B** obscuratur et inspissatur **C** Sicut **C** 12 est materiae **a** 13 eius *ante* corporale *om* **a** corporale ... eius *om* **B** est aliquid eius *om* **C** 14 est *om* **B a** propter haec **B** 15 rariores **B a** minores **C** quibus **B** vero] nota **B** 16 strictiores **a** pars] res **a** 17 suae elongationis gradum **C** origine unitatis **C** 18 quia **B** quae **C a** 19 nimis] minus **B** et *ante* simplices *om* **a** 21 diversificatas **a** 22 adeo *om* **C** 23 *post* autem *addit* **a** corporibus unitatiuam maior **B** est *post* obscuritas *transponit* **a**

Quia igitur materia in supremis formata est forma intelligentiae, deinde forma rationalis animae, postea vero forma sensibilis animae, deinde inferius forma animae vegetabilis, deinde forma naturae, ad ultimum autem in infimis forma corporis:
5 hoc non accidit ex diversitate virtutis agentis, sed ex aptitudine materiae suscipientis. Forma enim est quasi lumen, eo quod sicut per lumen res videtur, sic per formam cognitio et scientia rei habetur, non per materiam; sed hoc lumen in quibusdam est clarius, in quibusdam vero obscurius, prout materia, cui in-
10 funditur, fuerit clarior vel obscurior. Quo enim materia fuerit sublimior, fit subtilior et penetratur tota a lumine; et ideo substantia ipsa fit sapientior et perfectior, sicut intelligentia et rationalis anima. Et e contrario, quo materia fuerit inferior, fit spissior et obscurior et non ita tota penetratur a lumine; quo
15 magis enim materia descendit, sicut iam dictum est, constringitur, spissatur et corpulentatur, et partes eius mediae prohibent ultimas perfecte penetrari a lumine. Non enim est possibile, ut tantum luminis penetret partem secundam, quantum primam, nec ad tertiam tantum luminis pervenit, quantum ad
20 mediam; et sic paulatim, donec perveniatur usque ad partem materiae infimam. Quae quia remotissima est a fonte luminis, lumen debilitatur in illa. Nec tamen hoc fit propter lumen in se, sed propter multam densitatem et obscuritatem materiae in se. Quemadmodum lumen solis, cum admiscetur tenebroso

---

1 Quid enim **B**   forma intelligentiae **C** forma forma (*sic!*) intelligit ut **B** intelligentiae forma **a**   2 deinde *om* **B** (*lacuna relicta*) et **a**   animae **B a** adest **C**   postea vero] deinde postea **a**   3 animae sensibilis **C a** inferius *om* **a**   4 ultimum] nullum **B**   in infimis] in infinis **B** finis est **a** *om* **C**   corporalis **C**   5 hoc **C** sed **B** hic **a**   aptitudine **B a** diversitate **C**   7 videtur res **C** res *ante* per **a**   8 hoc *om* **C**   9 est ... quibusdam *om* **B** clarum **C**   vero *om* **C a**   obscurus **B** obscurum **C**   10 fuerit] forma est **a**   vel] et **a**   12 fit *om* **a**   13 e converso **a**   quo enim materia **C**   14 tota *om* **a**   15 magis enim materia **B** enim magis materia **C** materia magis **a**   iam supra **C a**   16 et spissatur **a**   17 penetrari perfecte **C**   18 tantum *ante* est *transponit* **C**   lux **C**   partem *om* **a**   19 perveniat **a**   20 pervenietur **a**   21 luminis fonte **C**   22 ipsa **C**   fit *om* **a**   Tum **B** et **a** *addunt* sicut praedictum est   propter **B a** per **C**   23 sed propter ... in se *om* **B**   densitatem] debilitatem **a**

aëri, non est illius virtutis, cuius est admixtum claro aëri; vel quemadmodum pannus albus tenuissimus, cum induitur a corpore nigro, occultatur candor eius propter abundantiam nigredinis; vel quemadmodum si tres vel plures fenestrae vitreae una post aliam recte contra radium solis disponantur in ordine, constat siquidem, quod secunda minus recipit luminis quam prima, et tertia minus quam secunda, et sic usque ad ultimam fit defectus luminis non propter lumen in se, sed propter elongationem fenestrae vitreae a lumine: ita et lumen formae unitatis, quod infusum est materiae, descendendo fit debile et obscurum, ita ut primum eius multum discrepet a medio et medium ab ultimo.

Et propter hanc diversitatem formae unitatis non uno modo, sed pluribus dicitur aliquid esse unitate unum. Unum enim aliud est essentiae simplicitate unum, ut deus. Aliud simplicium coniunctione unum, ut angelus et anima, quorum unumquodque est unum coniunctione materiae et formae. Aliud est continuitate unum, ut arbor vel petra. Aliud est compositione unum, ut ex multis tabulis una arca vel ex multis parietibus una domus. Alia dicuntur unum aggregatione, ut populus et grex, congeries lapidum vel acervus tritici. Alia dicuntur proportione unum, ut rector navis et gubernator civitatis dicuntur unum similitudine officii. Alia dicuntur unum accidente, ut diversa subiecta eiusdem qualitatis dicuntur unum in ea, sicut nix et cygnus unum sunt in albedine. Alia dicuntur unum numero, ut diversa accidentia, quae eidem subiecto insunt, dicuntur unum

---

1 admixtum **B** admixtus **C** admistum **a**   2 pannus albus tenuissimus **B a** clarus remotissimus **C**   3 habundantiam **B C**   4 unam **C**   5 disponantur] al' postponantur **C**, *quae lectio e margine in textum irrepsisse genuinamque lectionem expulisse videtur*   ordinem **C**   6 siquidem] *in* **C** *lacuna quattuor litterarum*   quod **B a** ad **C**   *Post* secunda **C** *addit* propter elongationem fenestrae vitreae   7—8 est defectus luminis usque ad ultimam **C**   9 et] ut **a**   10 descendo **B**   fiat **a**   10—11 ita ut **B** et ita ut **C** ita **a**   11 eius **C a** est **B**   14 pluribus modis **C**   esse unitate unum **B** esse unum unitate **C** ab unitate unum **a**   15 simplicitate essentiae **C** deus ... unum ut *om* **B**   16 cognitione **a**   18 vel] et **a**   est *om* **B**   19 archa **C**   arca ... domus. Alia *om* **B**   19 partibus **C**   20 et *ante* grex *om* **a**   21 et conieries **C**   vel] et **C**   21—22 unum proportione **C**   23 alii **B** alium **C**   24 eo **B** ea qualitate **a**   25 cignus **B C**   26 unum **B a** idem **C**

numero, id est in numerando, ut hoc dulce et hoc caeruleum vel hoc longum et hoc latum. Alia dicuntur unum ratione; sed hoc duobus modis, quia vel ratione consortii, ut intellectus et res et vocabulum unum genus, vel ratione unius sacramenti, ut spiritus aqua et sanguis dicuntur unum *(I. Joan. 5,8)*. Alia dicuntur natura unum, ut participatione speciei plures homines unus. Alia dicuntur unum natione vel lingua, ut multi homines dicuntur gens una vel una tribus. Alia dicuntur unum more, sed hoc duobus modis, quia vel secundum consensum virtutis et dilectionis ut: Multitudinis credentium erat cor unum et anima una *(Acta apost. 4,32)*, vel secundum consensum eiusdem vitii plures homines dicuntur unum, ut: Qui adhaeret meretrici, unum corpus efficitur *(I. Cor. 6,16)*.

Sic omnia unitatem appetunt, ut etiam, quae multa sunt, unum dici velint. Quaecunque enim sunt, id quod sunt aut vera unitate esse nituntur, aut saltem eam simulando nituntur. Quidquid enim est, vel est unum vel plura. Pluralitas autem non est nisi ex aggregatione unitatum. Quae unitates si sunt disgregatae, faciunt multitudinem, si vero fuerint continuae in materia, faciunt magnitudinem. Quapropter inter unitates quantitatis discretae et unitates quantitatis continuae subsistentis in materia nihil interest, nisi quia illae disgregatae sunt, istae vero continuae. Continuum ergo non est, nisi ex disgregato, quia intellectus continuitatis in continuo non est nisi continuatio disgregatorum. Ac per hoc necesse est, ut continua quantitas

---

1 vel hoc longum *om* C 2 vel hoc latum **a** sed **B a** et **C** 3 vel *om* **C a** ut **B a** et **C** *Post* ut **a** addit ens, *post* res *addit aliquid, quae verba ex transcendentium qui vocantur terminorum enumeratione in scholis tradita (ens res aliquid unum) huc illata videntur* 5 et *om* **B** 6 unum *om* **C** 7 natione **B a** natura ratione **C** homine **B** 8 una gens **C a** una *ante* tribus *om* **C** 9 quia vel **a** vel quia **C** vel *om* **B** 10—11 et anima una **B** et anima **a** etc. **C** 11 sensum **B** 14 quae] ea **a** 15 quae unum **a** velint] volunt **B C a** id] idem **a** aut **C** autem **B** ut **a** 16 aut] ut **a** saltem *om* **a** nituntur simulando **C** 17 est *post* enim *om* **a** vel *ante* plura *om* **B** vel est plura **a** 18 aggregatione **B a** disgregatis **C** 19 sin **a** 21 unitatis **C** 22 nihil *om* **C** nisi *om* **a** 22—23 illae vero **C** et istae **B** et illae **a** 23 ergo] genus **a** discreto **a** 24 non est in continuo **a** 24—25 disgregatorum continuatio **C** 25 per] propter **a**

non adveniat in substantiam nisi ex unitatibus. Quamcunque enim partem quantitatis signaveris, necesse est, ut sit unum vel plura. Sed omnis pluralitas, ut dictum est, ex unitatibus est. Unde aperte datur intelligi, quod discretae et continuae quantitatis radix una est, eo quod composita sunt ex una re et resolvuntur ad unum; et etiam quia partes corporis, quo magis fuerint sibi coniunctae et constrictae, ipsum corpus erit spissius et magis quantum, ut lapis, et e contrario, quo magis fuerint partes corporis dissolutae et rarae, ipsum erit subtilius et levius et minus quantum, ut aër. Verum est igitur, quod continua quantitas non venit in substantiam nisi ex coniunctione et confluctione unitatum in illa.

Unitas igitur est, qua unaquaeque res est una et est id quod est.

1 substantia **a** Quando **a** 6 corporis partes **a** magis *om* **C**
7 spissimus **C** 8 e converso **a** 9 rarae **B** ratae **C** latae **a** levis **a**
11 substantiam **B a** strāri **C** confluccione **B** constrictione **C** constructione **a** 12 illo **C**
13 est una . . . est **B a** dicitur una esse **C** Explicit liber de divisione philosophiae in tres partes et partium in partes suas secundum philosophos **B** Explicit liber de unitate Alquindi **C**.

I.

Die Frage nach dem Verfasser des Traktates *De unitate.*

Handschriftliche Angaben über den Verfasser.

Der vorstehende Traktat, der für die Geschichte der Philosophie dadurch besonderes Interesse gewonnen hat, daß Hauréau[1]) in ihm, obgleich mit Unrecht, die Hauptquelle der pantheistischen Anschauungen des David de Dinanto erblickt, wird in den Handschriften den verschiedensten Verfassern beigelegt [2]).

Als liber Alexandri de unitate erscheint er im cod. 6443 der Pariser Nationalbibliothek (unsere Handschrift **C**); als liber Alexandri de unitate translatus de graeco in latinum im cod. 6325 derselben Bibliothek, beide aus dem XIV. Jahrhundert.

Dem Boethius wird die Abhandlung zugeschrieben im cod. 16490 (saec. XIV.) der Pariser Nationalbibliothek [3]), sowie in zwei Handschriften der Laurentiana zu Florenz, plut. 15 cod. 9 und plut. 84 cod. 12, ersterer aus dem XIII., letzterer aus dem XIV. Jahrhundert.

Dem arabischen Philosophen Alkendi legt unsere Schrift

---

[1]) Vergl. Hauréau, Mémoire sur la vraie source des erreurs attribuées à David de Dinan (Mémoires de l'académie des inscriptions. Bd. 29, 2. Paris 1879. S. 319—330).

[2]) Mit Ausnahme von cod. Par. bibl. nat. 16490 sind dieselben schon von Hauréau zusammengestellt.

[3]) Vergl. Bibliothèque de l'école des chartes. XXXI. 1870. S. 146.

bei das Explicit im oben schon erwähnten cod. 6413 der Pariser Nationalbibliothek.¹)

Als letztes Kapitel der Schrift De divisione philosophiae, welche im Index der betreffenden Handschrift dem Alfarabi beigelegt wird, die aber nach den Ausführungen von Hauréau ²), wenn nicht von einem Christen verfaßt, so doch jedenfalls von einem solchen überarbeitet ist, findet sich unser Traktat im cod. 14700 der Pariser Nationalbibliothek (unsere Handschrift B) aus dem XIV. Jahrhundert ³).

Anonym überliefert ist die Abhandlung in den Handschriften der Pariser Nationalbibliothek Nr. 16605 (XIII. saec. — unser cod. A —) ⁴) und 16082 (Anfang des XIV. Jahrh.) ⁵).

¹) fol. 194ʳ: Explicit liber de unitate alquindi. Hauréau macht auf diese abweichende Autorbenennung im Explicit nicht aufmerksam.

²) Mémoires etc. S. 328.

³) Daß unser Traktat der Abhandlung De divisione philosophiae nicht bloß angehängt, sondern eingefügt ist, geht daraus hervor, daß erst nach Beendigung desselben das Explicit der ganzen Schrift gegeben wird (Explicit liber de diuisione philosophie in tres partes et parcium in partes suas secundum philosophos. fol. 328ᵛ col. a).

⁴) Nicht zutreffend ist es, wenn Hauréau, Mémoires etc. S. 327 behauptet, der Traktat sei in dieser Handschrift dem Algazel beigelegt. Der Sachverhalt ist vielmehr folgender. Die Handschrift enthielt ursprünglich Algazels Logik, Metaphysik und Physik als ein zusammengehöriges Ganzes, dessen Abschluß durch die Worte bezeichnet ist: *Hoc igitur est, quod nos volumus inducere de sententiis philosophorum logicis, diuinis et naturalibus*. Diese Worte mit den ihnen vorangehenden *quorum non est numerus* standen als einzige Zeile auf der Vorderseite des letzten Blattes. Den frei bleibenden Raum wollte man durch die kurze Abhandlung *De unitate* ausfüllen, die aber, wie sich trotz der schlechten Erhaltung und teilweisen Überklebung dieses Blattes noch mit Wahrscheinlichkeit sagen läßt, nicht einmal zu Ende geführt ist. Algazel ist als Verfasser dieser Abhandlung in der Handschrift nicht genannt; auch nicht in dem alten Inhaltsverzeichnis auf fol. 1ᵛ, wo es einfach heißt: *Item de unitate et uno*.

Noch im XIII. Jahrh. hat man jene Schlußzeile des letzten Buches von Algazels Physik, die als solche auch durch die rot geschriebene Seitenüberschrift Vº (d. h. *liber quintus*) erkennbar ist, noch einmal auf den untern Rand der vorhergehenden Seite gesetzt und zwischen die letztere und das ursprüngliche Schlußblatt zwei weitere Blätter eingeschoben, welche die dem Algazel beigelegte Schrift *De quinque essentiis* enthalten. An dem eigentlichen Sachverhältnis ist natürlich durch dieses Einschiebsel nichts geändert.

⁵) Vergl. Bibliothèque de l'école des chartes XXXI, 1870. S. 36.

Dem Dominicus Gundisalvi endlich wird der Traktat zugewiesen im cod. 86 des Collegium Corpus Christi zu Oxford [1]).

Weder Alexander noch ein Araber sind Verfasser der Schrift.

Unter dem Alexander, dem die an erster Stelle genannten Handschriften unsern Traktat beilegen, soll gewiß, wie auch Hauréau a. a. O. annimmt, Alexander von Aphrodisias verstanden werden. Dieser ist ja auch Verfasser der Abhandlung De intellectu et intellecto, die z. B. im cod. Par. 6443 wenige Seiten nach dem Traktate De unitate folgt [2]). Denn diese Abhandlung ist Übersetzung des Abschnittes περὶ νοῦ aus dem sogenannten zweiten Buche De anima des Alexander von Aphrodisias [3]). Daß aber

---

[1]) Vergl. Hauréau, Mémoires etc. S. 329. Bei Coxe, Catal. codicum mss. qui in collegiis aulisque Oxoniensibus hodie asservantur. Pars II lautet die Beschreibung nur: „Liber domini Gondisalvi (de Valle bona) de divisione philosophiae in suas partes et parcium in suas partes secundum philosophos" cum prologo fol. 188. Incip. prol. „Felix prior etas que tot sapientes protulit" Incip. lib.: „Dicimus ergo, quod nemo est, qui aliquam rem." Desin: „Sed est separatum a substantiis et accidentibus Hoc est solus Deus" etc. — Wie die von Coxe mitgeteilten Anfangs- und Schlußworte beweisen, haben wir es hier mit derselben Schrift De divisione philosophiae mit der angehängten Epistola de assignanda causa ex qua ortae sunt scientiae philosophiae zu thun, welche in dem cod. lat. 14700 der Pariser Nationalbibliothek dem Alfarabi beigelegt wird, und als deren letztes vor der Epistola etc. stehendes Kapitel wir aus der Pariser Handschrift den Traktat De unitate kennen. Genauere Nachrichten über die Oxforder Handschrift zu erlangen war mir nicht möglich.

[2]) fol. 200ᵛ: liber Alexandri philosophi de intellectu et intellecto secundum sententias Aristotelis translatus de greco in arabicum ab Ysaac filio Joachim.

[3]) Alex. Aphrod. scripta minora ed. Ivo Bruns (Suppl. Arist. II 1) Berol. 1887. p. 106, 21 sq. — Gegenüber den Zweifeln von Torstrik halten Freudenthal und Bruns an der Echtheit wenigstens der meisten von den Abhandlungen fest, die unter dem Namen des Zweiten Buches De anima zusammengefaßt werden. Was sie mit Recht bestreiten, ist nur die Bezeichnung derselben mit dem genannten Buchtitel. Vergl. Freudenthal, Die durch Averroes erhaltenen Fragmente Alexanders zur Metaphysik des Aristoteles. (Abhdlgen. der Berl. Akad. d. W. vom Jahre 1884. Berl. 1885. S. 27).

Alexander von Aphrodisias nicht der Verfasser sein kann, beweisen außer dem schon von Hauréau a. a. O. S. 322 327 hervorgehobenen Abstande der Lehre unseres Traktates von den Ansichten Alexanders auch die in dem ersteren vorkommenden biblischen Citate.

Schon Hauréau war auf dem Wege diese letzteren zu erkennen. „L'auteur", — schreibt er — „dénombrant tous les modes de l'unité dans les choses en vient à dire qu'un de ces modes est l'unification de trois choses diverses par la seule vertu d'un sacrement. Ainsi l'on professe, dit-il, que le sang et l'espèce de l'eau ne font qu'un par l'effet de la consécration eucharistique: Ratione unius sacramenti species aquae et sanguis dicuntur unum. Ces citations seront certainement jugées tout à fait concluantes. L'ouvrage n'est ni de Farabi ni de Gazali; il est d'un compilateur chrétien". Erkennt Hauréau hier richtig den christlichen Ursprung unsers Traktates, so hat er doch das eigentlich Beweisende übersehen. Die von Hauréau in schlechter Lesung angeführten Worte, welche auf Grund unserer Handschriften vielmehr lauten: *vel ratione unius sacramenti ut spiritus aqua et sanguis dicuntur unum* stellen nämlich ein biblisches, und zwar ein neutestamentliches Citat dar. Sie finden sich I. Joann. 5, 8. Aber noch mehr. Zu diesem neutestamentlichen Citate treten zwei weitere, von Hauréau gleichfalls übersehene: *Multitudinis credentium erat cor unum et anima* und: *Qui adhaeret meretrici corpus unum efficitur*. Das erstere findet sich Acta apost. 4, 32, das letztere ist entnommen aus I. Cor. 6,16.

Durch den hiermit erbrachten Nachweis des christlichen Ursprunges unsers Traktates sind zugleich die als Urheber aufgestellten Araber (Alkendi, Alfarabi, Algazel) ausgeschlossen; wir brauchen daher nicht länger bei ihnen zu verweilen.

Boethius, obgleich im ersten Teile der Schrift stark benutzt, ist nicht der Verfasser des Ganzen.

Unter diesen Umständen liegt es nahe an den von mehreren Handschriften als Verfasser angegebenen Boethius zu denken, dessen Christentum nach den neueren Untersuchungen ebenso wenig zweifelhaft sein kann, wie die Echtheit wenigstens der wichtigsten unter den ihm zugeschriebenen theologischen Schriften [1]). In der That enthält der ganze erste Abschnitt der Schrift De unitate bis Seite 4, 20 meist Boethianische Gedanken zum Teil in wörtlicher Übereinstimmung mit der philosophischen Trostschrift und der Abhandlung über die Trinität. Boethianisch ist der Ausgangspunkt der Erörterungen des ersten Teiles. Es ist der Gedanke, daß durch die Einheit die Existenz eines jeden Dinges bedingt werde, so daß es durch sie sein Dasein erhält und mit ihrer Zerstörung selbst seinen Untergang findet. Mag dieser Gedanke an sich auch allgemein neuplatonisch sein, so weist doch die Übereinstimmung in der Formulierung desselben auf Boethius hin. Man vergleiche die folgende Gegenüberstellung:

De unitate.	Boethius.
pag. 3, 3—8: Res unitate una est, ... Non solum autem unitate una est, sed etiam tamdiu est, quidquid est, id quod est, quamdiu in se unitas est.	Philos. cons. III pros. 11, pag. 78, 26—39 Peiper: Nostine igitur, inquit, omne, quod est, tamdiu manere atque subsistere, quamdiu sit unum, sed interire atque dissolvi pariter atque unum esse destiterit? ... At si distributae segregataeque partes corporis distraxerint unitatem, desinit esse, quod fuerat. Eoque modo percurrenti cetera procul dubio patebit subsistere unumquodque, dum unum est, cum vero unum esse desinit, interire.
pag. 4, 5—11: Unitio autem non fit nisi unitate. Quae cum ab unito separatur, unitio, qua unum erat, dissolvitur. Soluta autem unitione destruitur essentia eius, quod ex earum unitione provenerat; quare fit non-unum. Quapropter sicut unitate res ad esse ducitur, sic et unitate in illo esse custoditur. Unde esse et unum inseperabiliter concomitantur se et videntur esse simul natura.	

Boethianisch ist ferner die Formulierung eines dem Sinne nach auf Aristoteles zurückgehenden Hilfsgedankens in dieser Beweisführung, des Gedankens nämlich, daß jegliches Sein aus der Form stamme. Man vergleiche:

---

[1]) Vergl. Usener Anecdoton Holderi, Bonn 1877, S. 37—66. C. Krieg. über die theologischen Schriften des Boethius (enthalten in den Jahresberichten der Görresgesellschaft für 1884. Koeln 1885, S. 23—52).

De unitate pag. 3, 10:   *Boethius*, De trinit. c. 2 p. 152, 20:
Omne enim esse ex forma est.   Omne namque esse ex forma est.

Aus dem Gedanken, daß jedes Ding durch die Einheit seine Existenz empfängt, folgert die Schrift De unitate, daß einem jeden Dinge das Streben nach der Einheit inne wohne. Denn da alles sein Sein verlangt, so verlangt es auch die Einheit, durch welche jenes bedingt ist.

Auch für diese Auseinandersetzung findet sich eine zweifellose Parallele bei Boethius.

De unitate.	*Boethius.*
pag. 4, 13—17: Ac per hoc, quia ex quo res habet esse, una est: ideo motus omnium substantiarum est ad unum et propter unum; et nihil eorum, quae sunt, appetit esse multa, sed omnia, sicut appetunt esse, sic et unum esse.	Philos. consol. III pros. 11, pag. 80, 99—102: Quod autem, inquit, subsistere ac permanere petit, id unum esse desiderat; hoc enim sublato ne esse quidem cuiquam permanebit..... Omnia igitur .. unum desiderant.

Für die Urheberschaft des Boethius läßt sich, wie es scheint, auch ein verhältnismäßig frühes äußeres Zeugnis anführen.

Alanus de Insulis [1]), welcher in der zweiten Hälfte des zwölften Jahrhunderts als Schriftsteller thätig war, schreibt in seinen Regulae theologicae, reg. 1 (Migne, Patrol. C. C., ser. lat. CCX, col. 624 B): *Unde Boethius: Quidquid est, ideo est, quia unum numero est* [2]). In den Distinctiones dictorum theologicorum, welche demselben Verfasser beigelegt werden, heißt es (s. v. unum, Migne col. 987 B): *Unde Boethius in libro de sancta trinitate: Quidquid est, ideo est, quia unum numero est.*

Die Worte: *Quidquid est, ideo est, quia unum numero est* finden sich nicht in der Schrift De trinitate. Ebenso wenig

---

[1]) Von einem nähern Eingehen auf die verwickelte Alanus-Frage kann ich hier wohl absehen, da wegen der ungefähren Gleichzeitigkeit der verschiedenen in Betracht kommenden Persönlichkeiten die chronologische Bestimmung des Zeugnisses sich nicht wesentlich verschieben würde.

[2]) Bei Migne sind auch die folgenden Worte: *quidquid autem in hac unitate est unum, ab illo habet, ut sit unum* in das Citat des Boethius gezogen. Doch zeigt der Ausdruck: *in hac unitate*, daß mit jenem Satze nicht das Citat aus Boethius, sondern die vor demselben stehenden Worte: *Est enim unitas singularitatis etc.* fortgesetzt werden sollen.

stehen sie in der Philosophiae consolatio und in den übrigen theologischen Schriften. Das Citat in den Regulae theologicae wird also auf unsere angeblich Boethianische Schrift De unitate gehen. In dem Citate *Boethius in libro de sancta trinitate* aber dürfte eine Verderbnis vorliegen, dadurch hervorgerufen, daß ein Abschreiber oder auch der Herausgeber den Titel der wenig bekannten Schrift De unitate mit dem ihm geläufigen der viel benutzten Schrift De trinitate vertauschte.

Wenn in der Schrift *De unitate* die Worte: *quidquid est, ideo est, quia unum est* durch ein vorgesetztes *illud*, wie es scheint, als Citat eingeführt werden sollen, so dürfte hier an Augustinus gedacht sein, bei dem wenigstens inhaltlich Gleiches sich findet [1]).

Gleichwohl ist die Verfasserschaft des Boethius völlig ausgeschlossen. Den entscheidenden Grund — die Benutzung einer nachboethianischen Quelle in dem weitaus größeren Teile des Traktates — werden wir später erbringen. Aber auch andere Gründe verbieten, an Boethius als Verfasser zu denken.

Schon Hauréau [2]) macht auf den durchaus mittelalterlichen Stilcharakter der Schrift aufmerksam. In der That sind z. B. der öftere Gebrauch von *quod* (9, 6; 11, 4; 11, 10) statt des Accus. c. Infin., die Verwendung des Reflexivpronomens statt des Demonstrativums (3, 7), Ausdrücke wie *corpulentari* (8, 16) und *parificare* (6, 2) ausreichender Beweis für den mittelalterlichen Ursprung der Schrift.

Dazu kommt, daß manche Anschauungen im zweiten Teile der Abhandlung (von S. 5, 15 ab) dem Boethius fremd sind, oder seinen Lehren sogar widersprechen.

Es gilt das namentlich für zwei Grundgedanken, die in jenen Ausführungen mehrfach wiederkehren. Der erste ist der Satz von der **Dreiteilung des Geschaffenen in Intelligenz, Seele, Körperwelt**, der zweite die Annahme, daß der Unter-

---

[1]) Augustin, de moribus Manichaeorum l. II c. 6. n. 8: Nihil est autem esse quam unum esse; itaque in quantum quidque unitatem adipiscitur, in tantum est.

[2]) Mémoires etc. S. 328.

schied von Materie und Form eine universeller sei, also
auch in den geistigen Substanzen (Intelligenz, Seele) sich finden
müsse.

Keine jener Vorstellungen kennt Boethius. Niemals bezeichnet *intelligentia* bei ihm die Klasse der reinen Geisteswesen als oberste Stufe jener Trias. So oft das Wort vorkommt,
hat es die gewöhnliche Bedeutung von Sinn, Verständnis, Einsicht [1]).

Die Unterscheidung von Materie und Form auch in den
geistigen Substanzen aber findet sich nicht nur nicht in den
Schriften des Boethius, sondern eine solche Annahme widerstreitet direkt klaren Ausführungen des Philosophen. Institut.
arithm. II 31 trägt Boethius die Platonische Unterscheidung der
unveränderlichen und veränderlichen Welt vor, von denen diese
durch das Princip der ἑτερότης, jene durch das Princip der ταυτότης
beherrscht wird [2]). Alle Substanzen, sagt er, gehören entweder
der einen sich stets gleich bleibenden unveränderlichen, oder
der vergänglichen und veränderlichen Natur an. Die erstern
nenne man die der einen und derselben Natur, die letztern die
der andern Natur. Nach einer Erörterung über die Quadratund Rechteckszahlen fährt dann Boethius fort: Alle Dinge
müssen einer dieser beiden Naturen angehören; aut enim propriae
immutabilis eiusdemque substantiae est, quod est deus vel
anima [3]) vel mens vel quodcunque propriae naturae incorporalitate beatur; aut mutabilis variabilisque naturae, quod corporibus
indubitanter videmus accidere. Boethius rechnet also Gott, Seele,
Vernunft unterschiedslos der einen unveränderlichen Natur zu; der
Gedanke an eine Materie der Seele oder der Vernunft, deren Vorhandensein als eins der wichtigsten Probleme in der Schrift De
unitate angenommen wird, liegt dem Boethius fern. Denn würde

---

[1]) Das Wort fehlt in der Schrift Philosophiae consolatio; es findet sich
Institutio arithmetica praef. 1, S. 5 Z. 2, I 15 S. 32 Z. 15, I 32 S. 66 Z. 17,
II 40 S. 137 Z. 6. Institutio musica I 19 S. 205 Z. 20, IV 14 S. 341 Z. 1, IV
15 S. 342 Z. 26, IV 16 S. 343 Z. 14. Ars geom. S. 390, 5 und 392, 9.

[2]) Vergl. Plato Tim. 35 A.

[3]) Vergl. dagegen De unitate p. 9, 14: Unum enim aliud est essentiae
simplicitate, ut Deus. Aliud simplicium coniunctione unum, ut angelus et anima
quorum unumquodque est unum coniunctione materiae et formae.

eine solche Materie auf eins der Boethianischen Principien zurückgeführt werden sollen, so könnte es doch nur jene von der Natur der Seele ausgeschlossene Natur des Andern sein.

Vielleicht möchte man aus dem Umstande, daß die Institutio arithmetica bloße Bearbeitung eines fremden Werkes, nämlich der εἰσαγωγὴ ἀριθμητική des Nicomachus ist, einen Einwand gegen die Stichhaltigkeit unserer Ausführung erheben. Allein für unsere Stelle trifft jenes Verhältnis nicht zu. Das oben angeführte Citat aus Boethius ist eine Erläuterung, die in der entsprechenden Parallelstelle bei Nicomachus fehlt und von Boethius selbst hinzugefügt ist [1]).

---

[1]) Der Institut. arithm. II 31 des Boethius (ed. Godofredus Friedlein. Lipsiae 1867) entspricht II 18 der εἰσαγωγὴ ἀριθμητική des Nicomachus (recensuit Ricardus Hoche. Lipsiae 1866).

Die Anfänge beider Capitel stimmen genau mit einander überein; dann wird die Ausführung bei Boethius etwas breiter, und hier bringt er jenes entscheidende Beispiel an, das bei Nicomachus fehlt.

Ich füge der bessern Übersicht wegen die beiden einschlägigen Stellen dem Wortlaut nach an:

Nicomachus, εἰσαγωγή II 18, S. 112 Z. 19:

.... ἕτερον δὲ δυάς τε καὶ ὁ ὑπὸ ταύτης εἰδοποιούμενος πᾶς ἄρτιος, μάλιστα δὲ οἱ ὑπὸ τούτων συσσωρευομένων συνιστάμενοι ἑτερομήκεις διὰ τὸ πρώτης ἀνισότητος καὶ ἑτερότητος ἐν τῇ τῶν πλευρῶν διαφορᾷ μετέχειν, ἔτι τοῦτο ἀποδεικτέον ἀναγκαιότατα, πῶς ἐν ἀμφοτέροις τούτοις ὡς ἐν ἀρχαῖς καὶ σπέρμασι δυνάμει πάντα τὰ τοῦ ἀριθμοῦ ἰδιώματα προυπόκειται.

Boethius, institut. arithm. II 31, S. 123 Z. 14:

Illi vero, qui sunt pares, quoniam binarii numeri formae sunt, quique et his coacervati collectique in unam corgeriem parte altera longiores numeri nascuntur, hi secundum ipsius binarii numeri naturam ab eiusdem substantiae natura discessisse dicuntur. (Es folgt nun das entscheidende Beispiel; s.o. S.19) ...Unde nunc nobis monstrandum est hac gemina numerorum natura ... cunctas numeri species cunctasque habitudines ... informari.

Wie man sieht, gehört also die entscheidende Ausführung nicht der Vorlage an — das kann, wenn auch bei der eigentümlichen Überlieferung jener Schrift des Nicomachus, auf die näher einzugehen nicht dieses Ortes ist, nur mit größter Wahrscheinlichkeit, behauptet werden —, sondern sie ist ein selbständiger und darum für die eigene Ansicht des Boethius entscheidender Zusatz.

Durch die voraufgehenden Erörterungen ist die Mehrzahl der in den Handschriften als Verfasser Genannten ausgeschlossen.

Es bleibt zu untersuchen, ob die Urheberschaft des Dominicus Gundisalvi einen höheren Anspruch auf Anerkennung hat.

Ehe ich jedoch des Näheren auf diese Frage eingehe, sei es mir gestattet, den Nachweis einer bisher übersehenen Quelle des Traktates zu liefern, durch welchen für die chronologische Fixierung bestimmtere Daten gewonnen werden können.

Die Schrift *De unitate* ist später entstanden, als die lateinische Übersetzung des *Fons vitae* des Avencebrol (Jbn Gabirol).

Die größere Abteilung des Traktates nämlich besteht in einer geschickten Aneinanderreihung vielfach wörtlicher Citate aus der „Lebensquelle" *(Fons vitae)* des Ibn Gabirol, den Lateinern bekannt als Avencebrol, oder in späterer Verderbnis als Avicebron.

Ich hatte diese Übereinstimmungen festgestellt nach der Übersetzung des Auszuges Ibn Falaqera's und der Inhaltsanalyse der „Lebensquelle", welche S. Munk [1]) in seiner bahnbrechenden Arbeit über die jüdische und arabische Philosophie gegeben, sowie nach der sorgsamen Paraphrase der lateinischen Übersetzung des Fons vitae, welche wir Guttmann verdanken [2]).

Nach Abschluß dieser Arbeit wurde es mir durch gütige Mitteilung des Herrn Professor Dr. Baeumker möglich, den lateinischen Text, teils nach der Handschrift 14 700 der Pariser Nationalbibliothek, teils nach dem cod. Amplonian. fol. n. 331 (in Erfurt) für die Vergleichung zu verwenden.

Da die Übereinstimmung beider Schriften bei Heranziehung des lateinischen Textes noch schlagender hervortritt, so benutze ich ihn im Folgenden für die Gegenüberstellungen und gebe die Nachweise nach Munk und Guttmann in den Anmerkungen.

---

[1]) S. Munk, Mélanges de philosophie juive et arabe. Paris 1857.
[2]) J. Guttmann, Die Philosophie des Salomon ibn Gabirol (Avicebron). Göttingen 1889.

De unitate.	*Fons vitae.*
p. 4, 13: Ac per hoc, quia ex quo res habet esse, una est: ideo motus omnium substantiarum est ad unum et propter unum, et nihil eorum, quae sunt, appetit esse multa, sed omnia, sicut appetunt esse, sic et unum esse. Quia enim omnia esse naturaliter appetunt, habere autem esse non possunt, nisi sint unum, ideo omnia ad unum tendunt.	Cod. Par. fol. 224ᵛ col. a.: Similiter dicendum est de motu omnium substantiarum, quia motus omnium substantiarum est ad unum et propter unum, hoc est, quia omne, quod est, appetit moveri, ut assequatur aliquid bonitatis primi esse [1]). Ebendas.: Discipulus. Quid est signum, quod motus rei, quae movetur, non nisi ad unum et propter unum? Magister. Signum huius est quidem, quod motus omnis mobilis non est nisi ad recipiendum formam, et forma non est nisi impressio ab uno [2]).
p. 4, 19. Unitas enim est, quae unit omnia et retinet omnia diffusa in omnibus, quae sunt.	Ebendas. fol. 224ʳ col. b.: Et in hoc est firmior ratio, quod unitas est retentrix omnium et sustinens omnia [3]).
pag. 5, 15—21: Prima enim et vera unitas, quae est unitas sibi ipsi, creavit aliam unitatem, quae esset infra eam. Sed quia omne creatum omnino diversum est ab eo, a quo creatum est, profecto creata unitas a creante unitate omnino diversa esse debuit et quasi opposita. Sed quia creatrix unitas non habet principium neque finem nec permutationem nec diversitatem, ideo creatae unitati accidit multiplicitas et diversitas et mutabilitas.	Ebendas. fol. 174ʳ col. a.: Unitas prima, quae est (*cod.* quaeque) unitas sibi ipsi, fuit creatrix alterius unitatis, quae est (*cod.* quaeque) infra eam, et quia haec unitas fuit creata a prima unitate vera, quae unitas non habet principium nec finem nec mutationem nec diversitatem, necesse fuit, ut unitas creata ab ea habeat principium et finem et adveniat ei mutatio et diversitas; ac per hoc facta est dissimilis ab unitate perfecta (prima), quae fecit eam [4]).

---

[1]) Munk S. 123 (l. V, § 46); Guttmann S. 239.
[2]) Munk S. 124 (l. V, § 47); Guttmann S. 239.
[3]) Munk S. 122 (l. V, § 44); Guttmann S. 238.
[4]) Munk S. 30 (l. II, § 26); Guttmann S. 106.

De unitate.

p. 6, 9—19: Quanto enim unaquaeque unitas fuerit propinquior primae et verae unitati, tanto materia formata per illam erit magis una et simplicior; et e contrario, quanto remotior fuerit a prima unitate, tanto erit multiplicior et compositior. Et ob hoc unitas, quae duxit ad esse materiam intelligentiae, est magis una et simplex, non multiplex nec divisibilis essentialiter; sed si divisibilis est, hoc siquidem accidentaliter est; et ideo haec unitas simplicior et magis una est omnibus unitatibus, quae ducunt ad esse ceteras substantias, eo quod immediate cohaeret primae unitati, quae creavit eam.

p. 6, 19: Sed quia unitas subsistens in materia intelligentiae est unitas simplicitatis, ideo necessario unitas subsistens in materia animae, quia infra eam est, crescit et multiplicatur, et accidit ei mutatio et diversitas, et sic paulatim descendendo a superiore per unumquemque gradum materiae inferior unitas augetur et multiplicatur, quousque pervenitur ad materiam, quae sustinet quantitatem, scilicet substantiam huius mundi. Quae quia a prima unitate remotissima est, ideo spissa et corpulenta et constricta est et propter

Fons vitae.

Ebendas. col. b.: Quaecunque unitas fuerit propinquior unitati verae, primae, materia formata per illam erit (cod. ere) vicinior (viell. unitior?) et simplicior; et contra, quanto remotior fuerit a prima unitate, erit multiplicior et compositior. Et ideo unitas, quae duxit ad esse materiam intelligentiae, est una, simplex, non divisibilis, nec multiplicabilis essentialiter; sed si est divisibilis, accidentaliter est. Ergo haec unitas est simplicior et unitior ceteris unitatibus, quae ducunt ad esse ceteras substantias, ideo quia cohaeret primae unitati, quae fecit eam [1]).

Ebendas. fol. 174ᵛ col. a.: Quia unitas subsistens in materia intelligentiae simplicitatis est unitas (cod.: et unitatis), secundum quod dicimus esse, necesse fuit, ut augmentaretur unitas subsistens in materia animae et multiplicaretur, quia ordo huius unitatis est infra ordinem unitatis subsistentis in materia intelligentiae, et ideo fuit necesse, ut augmentaretur haec unitas et multiplicaretur, et adveniret ei mutatio et diversitas inter ceteros ordines (materiae) sustinentes eam, secundum descensum gradus materiae ad inferius et elongationis suae a superiore, donec pervenit ad materiam, quae sustinet quantitatem, scilicet substantiam huius mundi . . . . et per hoc densata est haec substantia et corpulentata . . . . Unde haec substantia in sua spissitudine

---

[1]) Munk S. 31 (l. II, § 26); Guttmann S. 106.

De unitate.	*Fons vitae.*
spissitudinem et grossitudinem suam opposita est substantiae superiori, quae est subtilis et simplex, quoniam illa est subiectum principii et initii unitatis, haec vero est subiectum finis et extremitatis unitatis. Finis vero multum distat a principio, quoniam finis non est dictus, nisi defectus virtutis et terminus.	et grossitudine (*cod.* grossitudini) fuit opposita substantiae altiori in sua subtilitate et simplicitate, quia haec substantia est subiectum principii et initii unitatis, et haec alia substantia est subiectum finis et extremitatis unitatis. Et ideo finis non potest convenire principio, quia finis non est dictus nisi defectio virtutis (*cod.* virtus) principii et terminatio [1]).
pag. 7, 6—12: Unde secundum descensum unitatis a superiore ad inferius fit degeneratio suae simplicitatis et minoratio suae virtutis, ad similitudinem aquae, quae in ortu suo subtilis et clara nascitur, sed paulatim deorsum defluens in paludibus et stagnis inspissatur et obscuratur. Sic paulatim variatur unitas propter varietatem materiae, quae sustinet eam.	Ebendas. fol. 174^v col. b.: Exemplum autem eius quod dixi de simplicitate (substantiae), ex (*cod.* in) quo incipit usque (ad naturam), et corporeitatis substantiae a natura usque ad ultimum centrum est aqua decurrens et praeceps *(cod.* princeps), alia superveniens alii, quae in principio tenuis et limpida paulatim densatur (*cod.* excusatur) in stagnum et fit tenebrosa [2]).
pag. 7, 16—22: Ideo unaquaeque pars materiae secundum gradum suae elongationis a prima unitatis origine recipit unitatem, qua dignior est ex sua aptitudine. Inde est, quod videmus partes ignis nimis unitas et simplices et aequales, adeo quod forma eius videtur una, non habens in se diversitatem, partes vero aëris et aquae invenimus magis diversas et separatas, adeo quod partes eorum et unitates discerni possunt.	Ebendas. fol. 224^r col. b.: Discipulus. Quid est signum, quod est unitas ordinatrix materiae et formae? Magister. Signum ad hoc est omnimoda unitio materiae et formae et stabilis et perpetua in earum creatione in principio unitio, et hoc totum propter propinquitatem earum ad originem unitatis; et e contrario eius multiplicitas, divisio et differentia, instabilitas et terminabilitas in fine quietis . . est propter

---

[1]) Munk S. 32 f. (l. II § 26); Guttmann S. 107 f.
Munk. S. 33 (l. II § 27); Guttmann S. 108.

De unitate.	Fons vitae.
	elongationem eius ab origine unitatis; et in hoc est firmior ratio, quod unitas est retentrix omnium et sustinens omnia [1]).
	Ebendas. fol. 174ᵛ col. b.: Similiter palam possumus videre diversitates unitatum in materia, quae sustinet eas, quia videmus partes ignis nimis unitas et simplices et aequales, adeo quod forma eius videtur una, non habens in se multiplicitatem; partes autem aeris et aquae invenimus magis diversas et separatas, adeo quod partes eorum et unitates manifestae fiunt. [2])
pag. 8, 6—9, 12: Forma enim est quasi lumen, eo quod, sicut per lumen res videtur, sic per formam cognitio et scientia rei habetur, non per materiam; sed hoc lumen in quibusdam est clarius, in quibusdam vero obscurius, prout materia, cui infunditur, fuerit clarior vel obscurior. Quo enim materia fuerit sublimior, fit subtilior et penetratur tota a lumine; et ideo substantia ipsa fit sapientior et perfectior, sicut intelligentia et rationalis anima. Et e contrario, quo materia fuerit inferior, fit spissior et obscurior et non ita tota penetratur a lumine; quo magis enim materia descendit ... constringitur et spissatur et corpulentatur et partes eius mediae prohibent ultimas perfecte penetrari a lumine. Non enim est possibile, ut tantum luminis penetret partem	cod. Ampl. fol. No. 331. fol. 76ᵛ col. b.: .... postquam forma est lumen purum .... Et propter hoc accidit, quod una substantia est sapientior alia et perfectior, scilicet propter spissitudinem materiae et turbationem, non propter formam in se ipsa, quia scientia et cognitio ex forma est, non ex materia, quia forma est lumen purum et materia e contrario; et quo fuerit materia subtilior et superior propter diffusionem luminis in illa, fiet ipsa substantia prudentior et perfectior, sicut intelligentia et anima, et e contrario, et materia quo magis descenderit, non fit spissa (fol. 76ᵛ col. b) nisi propter elongationem luminis, quod est infusum in illa, et propter multiplicitatem partium eius .... Similiter et lumen, quod est diffusum in hyle: hoc

---

[1]) Munk, S. 122 (l. V § 44); Guttmann S. 238.
[2]) Munk. S. 33 (l. II § 27); Guttmann S. 108.

De unitate.

secundam, quantum primam, nec ad tertiam tantum luminis pervenit, quantum ad mediam; et sic paulatim, donec perveniatur usque ad partem materiae infimam..... Nec tamen hoc fit propter lumen in se, sed propter multam densitatem et obscuritatem materiae in se. Quemadmodum lumen solis, cum admiscetur tenebroso aëri, non est illius virtutis, cuius est admixtum claro aëri; vel quemadmodum pannus albus tenuissimus, cum induitur a corpore nigro, occultatur candor eius propter abundantiam nigredinis; vel quemadmodum si tres vel plures fenestrae vitreae una post aliam recte contra radium solis disponantur in ordine, constat siquidem, quod secunda minus recipit luminis quam prima et tertia minus quam secunda, et sic usque ad ultimam fit defectus luminis non propter lumen in se, sed propter elongationem fenestrae vitreae a lumine.

Fons vitae.

est, quia hyle quo magis descenderit, constringetur et corporatur et partes eius mediae prohibebunt ultimas partes perfecte penetrari lumine. Similiter dicendum est de omnibus partibus materiae, hoc est quia non est possibile, ut tantum luminis penetret partem secundam, quam primam, nec ad tertiam tantum luminis pervenit, quantum ad mediam; similiter dicendum est de ceteris partibus, donec perveniatur ad partem inferiorem ex illis, quia partes mediae prohibent lumen penetrare alias, et lumen tunc debilitatur propter materiam, non propter se. .... ad similitudinem luminis solis, quando permiscetur tenebris; aut panno subtili albo *(die Stelle scheint verderbt)*, quando induitur a corpore nigro, quia occultabitur candor propter abundantiam nigredinis [1]); vel ad similitudinem luminis penetrantis tres vitreas, scilicet quia vitrum secundum minus habet luminis quam primum et tertium minus quam secundum, et constat, quod non est hoc ex debilitate luminis, sed propter vitra prohibentia penetrationem luminis, quia sunt corpora spissa [2]).

---

pag. 10, 15—11, 12: Quaecunque enim sunt, id quod sunt, aut vera unitate esse nituntur, aut saltem

Cod. Par. fol. 174ᵛ col. b — fol. 175ʳ : Quamcunque partem signaveris, necesse est, ut sit unum aut

[1]) Dasselbe Beispiel findet sich auch im dritten Traktat; cod. Paris. Fol. 191ᵛ col a: Similes enim sunt panno albo, tenui, claro, qui cum adiungitur corpori nigro aut rubro, coloratur colore eius et mutatur quantum ad sensum, in se autem minime.

[2]) Munk, S. 80 f. (l. IV § 22); Guttmann S. 191.

De unitate.

cam simulando nituntur. Quidquid enim est, vel est unum vel plura. Pluralitas autem non est nisi ex aggregatione unitatum. Quae unitates, si sunt disgregatae, faciunt multitudinem, si vero fuerint continuae in materia, faciunt magnitudinem. Quapropter inter unitates quantitatis discretae et unitates quantitatis continuae subsistentis in materia nihil interest, nisi quia illae disgregatae sunt, istae vero continuae. Continuum ergo non est nisi ex disgregato, quia intellectus continuitatis in continuo non est nisi continuatio disgregatorum. Ac per hoc necesse est, ut continua quantitas non adveniat in substantiam nisi ex unitatibus. Quamcunque enim partem quantitatis signaveris, necesse est, ut sit unum vel plura. Sed omnis pluralitas, ut dictum est, ex unitatibus est. Unde aperte datur intelligi, quod discretae et continuae quantitatis radix una est, eo quod composita sunt ex una re et resolvuntur ad unum; et etiam quia partes corporis, quo magis fuerint sibi coniunctae et constrictae, ipsum corpus erit spissius et magis quantum, ut lapis, et e contrario, quo magis fuerint partes corporis dissolutae et rarae, ipsum erit subtilius et levius et minus quantum, ut aër.

Verum est igitur, quod continua quantitas non venit in substantiam nisi ex coniunctione et confluctione unitatum in illa.

Fons vitae.

plura. Et pluralitas non est, nisi ex multiplicatione unius; et etiam numerus compositus ex unitatibus est diversuis cum continuo (viell.: ex unitatibus est; ergo non est diversus cum continuo) per quantitatem in materia, quia sunt sub eodem genere, et non sunt diversa nisi per continuationem et disgregationem. Unde inter unitates numeri (discreti) et unitates quantitatis continuae subsistentis in materia non est differentia, nisi quod illae sunt disgregatae, istae continuae. Ergo continuum non est nisi ex disgregato, quia intellectus continuationis in continuo non est, nisi continuatio disgregatorum in disgregatis. Ac per hoc necesse est, ut continua quantitas sit adveniens substantiae ex unitatibus [1]).

Ebendas. fol. 175ʳ col. b: Ac per hoc significatur, quod radix eorum una est, quia composita sunt ex unitate et resolvuntur ad unum.

Et etiam quia partes corporis, quo magis fuerint sibi coniunctae et adstrictae, ipsum corpus erit spissius et magis quantum, et e contrario, quo magis fuerint partes corporis dispersae et dissolutae, ipsum erit subtilius et minus quantum, ut aër.

Ex hoc significatur, quod quantitas non venit in substantiam nisi ex coniunctione et constrictione (*cod.* constructione) unitatum in illa.

---

[1]) Guttmann, S. 109.

Nach den im Vorstehenden durch die Parallelstellen genügend erwiesenen Übereinstimmungen der Schrift De unitate mit dem Fons vitae des Ibn Gabirol ergiebt sich ihr zweiter und größerer Teil also als Compilation aus dem genannten Werke. Denn die umgekehrte Annahme, daß Ibn Gabirol bei seiner umfangreichen Abhandlung den kleinen lateinisch geschriebenen Traktat als Quelle benutzt habe, erscheint von vornherein ausgeschlossen.

Demnach ist uns also als terminus a quo für die Erledigung der Frage nach dem Verfasser Ibn Gabirols „Lebensquelle" oder vielmehr die lateinische Übersetzung dieser Schrift gegeben.

Ein weiterer Grund für den mittelalterlichen Ursprung des Traktates.

In die Auszüge aus dem *Fons vitae* ist ein in sich abgeschlossenes Stück eingeschoben (S. 9 Z. 13—S. 10 Z. 13), welches in Form einer Aneinanderreihung kurzer Sätze eine durch Beispiele erläuterte Übersicht über die verschiedenen Bedeutungsweisen des Einen giebt. In ihm finden sich die schon oben (S. 15) für die Frage nach dem Verfasser der Schrift verwerteten neutestamentlichen Citate.

Ob dieser Abschnitt eine freie Arbeit des Verfassers der Schrift enthält, oder ob auch er in der Hauptsache an eine bestehende Quelle sich anschließt, ist schwer zu entscheiden. Doch spricht manches für das Letztere.

Manche von den Bedeutungen des Einen, mitsamt den erläuternden Beispielen und Citaten, finden wir bei andern mittelalterlichen Schriftstellern in Übersichten über den mannigfachen Sinn des Einen wieder, ohne daß doch, wegen der sonstigen Verschiedenheiten, an eine Entlehnung aus unserer Schrift gedacht werden könnte.

Am durchgreifendsten ist die Übereinstimmung mit der einen von den beiden schon oben (S. 17) angezogenen Schriften des Alanus de Insulis. Man vergleiche aus den *Distinctiones dictionum theologicarum:*

De unitate.	*Alanus.*
pag. 10, 9: .. quia vel secundum consensum virtutis et dilectionis, ut: Multitudinis credentium erat cor unum et anima una (*Act. apost. 4,32*).	Distinct. theol. s. v. *Unum* (ed Migne, col. 987 C): Dicitur consensus, unde in Act. apostolorum (4, 32): Erat eis cor unum et anima una. Signat unionem,
pag. 10, 5: Alia dicuntur natura unum, ut participatione speciei plures homines unus.	unde ... Philosophus ait: Participatione speciei plures homines unus.
pag. 9, 20: Alia dicuntur unum aggregatione, ut .. congeries lapidum vel acervus tritici.	Notat adiuvationem, unde: Plures lapides sunt unus acervus. Notat similitudinem, unde Apostolus (*I.*
pag. 10, 11: .. vel secundum consensum eiusdem vitii ... ut: Qui adhaeret meretrici, unum corpus efficitur (*I. Cor. 6, 16*).	*Cor. 6, 17*, unmittelbar nach der in *De unitate* citierten Stelle): Qui adhaeret Deo, unus spiritus est cum eo.

Zu der ersten von diesen vier Parallelstellen vergleiche man aus den *Regulae theologicae* des Alanus reg. 2 (ed. Migne, col. 624 E): *Unitas consensionis, secundum quam dicitur: Erat eis cor unum et anima una.*

Nun ist zwar früher (S. 18) bewiesen, daß Alanus in beiden Werken eine Stelle aus dem Anfang unserer Schrift unter dem Namen des Boethius citiert. Aber daß die Parallelen, welche soeben zu dem zwischen die Excerpte aus Avencebrol eingeschobenen Abschnitt nachgewiesen wurden, nicht gleichfalls auf unsern Traktat zurückweisen, das zeigte, wie schon vorhin bemerkt wurde, das Auseinandergehen hinsichtlich der übrigen Bedeutungsweisen des Einen. Und doch hätte, die Benutzung des uns jetzt beschäftigenden Abschnittes einmal vorausgesetzt, eine weitergehende Herübernahme der musterhaft klaren Ausführung überaus nahe gelegen.

Wir werden daher für unsern Traktat und für Alanus eine **gemeinschaftliche Quelle** anzunehmen haben.

Vielleicht weisen auf eine solche auch einige Parallelen zu den oben angeführten Stellen, die sich in einer Ausführung des hl. Bernhard von Clairvaux über die Arten der Einheit in seiner Schrift *De consideratione ad Eugenium* finden. Dort heißt es (l. V c. 8 n. 18; ed. Migne, Patrol. C. C., ser. lat. CXXXII. col. 799 C): *Est unitas, quae collectiva potest dici, cum verbi causa multi lapides faciunt acervum unum ... Est et consentanea, cum per caritatem multorum hominum est cor unum et anima una* (Act. apost. 4,32). *Est et votiva, cum anima votis omnibus adhaerens Deo unus spiritus est* (cf. I. Cor. 6, 17). — Auf versprengtes Vorkommen vereinzelter Beispiele dagegen dürfte wohl kein Gewicht zu legen sein. Derartiges kann auf zufälligem Zusammentreffen beruhen. So finden wir z. B. in dem *Catholicon* des Predigermönches Johannes de Balbi aus Genua (daher Johannes de Janua), einem dem letzten Drittel des 13. Jahrhunderts entstammenden lexikalischen Werke, s. v. *Unus* mitten zwischen grammatischen Darlegungen den Satz: *Et nota, quod „unus" quandoque significat animorum unitatem; unde in Actibus apostolorum c. IV.: Multitudinis autem credentium erat cor unum et anima una in domino.*

Welcher Art diese Quelle war, ob ein Glossar in der Weise der *Distinctiones dictionum theologicarum* des Alanus oder eine auf den Gegenstand bezügliche Ausführung in einer systematischen Schrift, muß dahingestellt bleiben. Jedenfalls aber war sie, wie die neutestamentlichen Citate beweisen, eine christliche; und daß sie nicht schon der patristischen, sondern erst der frühmittelalterlichen Zeit angehört, dürfte ihr ganzer, schulmäßig die Begriffe distinguierender und subdistinguierender Charakter zum mindesten sehr wahrscheinlich machen.

Fassen wir die bis jetzt gewonnenen Resultate zusammen, so haben sich folgende drei Gesichtspunkte für die Bestimmung des Verfassers der Abhandlung De unitate ergeben:

1) Derselbe kann nicht vor der Entstehung der lateinischen Übersetzung des Fons vitae gelebt haben.

2) Er muß eine genaue Kenntnis des Fons vitae besessen haben.

3) Er ist, wie sich aus der Anwendung der oben angeführten neutestamentlichen Bibelstellen sowie der Benutzung des Boethius ergiebt, innerhalb des Kreises der christlichen Denker zu suchen.

Alle diese Anforderungen sprechen für Dominicus Gundisalvi, der im cod. 86 des Collegium Corpus Christi in Oxford als Verfasser bezeichnet wird.

Dominicus Gundisalvi ist der Verfasser der Abhandlung De unitate.

Dominicus Gundisalvi oder Gundissalinus (Gondissalinus)[1], wie er in den Handschriften meistens genannt wird, der Archidiaconus von Segovia, gehört zu dem Kreise der Männer, die im zweiten Drittel des zwölften Jahrhunderts durch Übersetzung arabischer Werke in das Lateinische sich für die Zuleitung neuen Gedankenmaterials an das Abendland hohes Verdienst erwarben[2]). Der Hauptsitz dieses „Übersetzerscollegiums" war Toledo, wo reiche Bibliotheken die Schätze der arabischen Litteratur vereinigten, und die Wissenschaften an

---

[1]) Es möge genügen, aus den mir von Herrn Professor Dr. Baeumker gütigst zur Einsicht überlassenen Excerpten aus Pariser Handschriften Folgendes zu notieren. Nationalbibliothek, f. lat., No. 16613 (saec. XIII.) fol. 2r : *Liber de anima a dño Gundissalino* (nicht *Gundisalino*, wie Loewenthal S. 20 der in der folgenden Anmerkung citierten Schrift liest) *ab arabico in latinum translatus*. Ebendas. fol. 43 : *Gondissalinus de immortalitate animae*. — No. 6443 fol. 1v (im Index): *Liber Gundissalini de processione mundi* (die Abhandlung selbst trägt in der Handschrift keinen Titel; wohl aber sind die Seiten, welche dieselbe enthalten, mit *Gundissalini* bezeichnet.)

Übrigens ist auch die Form Gundisalvi handschriftlich bezeugt. Vergl. z. B. fol. 44r . col. a der zuletzt citierten Handschrift 6443: *completus est liber, quem transtulit dominicus Gundisalui archidiaconus tholeti de arabico in latinum.*

[2]) Über Gundisalvi vergl. Amable Jourdain, Recherches critiques sur l'âge et l'origine des traductions latines d'Aristote. 2. éd. par Charles Jourdain. Paris 1843. S. 107 ff. B. Hauréau, Histoire de la philosophie scolastique. II. partie, tom 1. Paris 1880, S. 55 ff. V. Rose, Hermes VIII (1874). S. 335 f. L. Leclerc, Hist. de la médicine arabe. Paris 1876. Bd. II. S 376 ff. F. Wüstenfeld, Die Übersetzungen arabischer Werke in das Lateinische (Abhandlg. der Kön. Ges. d. Wissensch. zu Göttingen, XXII. 1877). S. 38 ff. Marcel. Menendez Pelayo, Historia de los Heterodoxos españoles Bd. I. Madrid 1880. S. 395 ff. Albert Loewenthal, Dominicus Gundisalvi und sein psychologisches Compendium. Berlin 1890. Vergl. ferner für das Folgende Otto Bardenhewer, Die pseudo-aristotelische Schrift Über das reine Gute, bekannt unter dem Namen Liber de causis. Freiburg i. Br. 1882, sowie die citierten Schriften von Munk und Guttmann an verschiedenen Stellen.

Raymund, der 1126--1151 Erzbischof von Toledo war[1]), einen mächtigen Gönner hatten.

Hier in Toledo finden wir auch den Dominicus Gundisalvi als fleißigen Übersetzer thätig[2]). Als Mitarbeiter stand ihm der jüdische Arzt Ibn Daûd (Avendehut, Avendeath), zur Seite der nach seinem Übertritt zum Christentum den Namen Johannes (Hispanus, fälschlich auch Hispalensis) führte[3]). So entstand eine Reihe von Übersetzungen wichtiger Werke des Avicenna, Alfarabi und Algazel[4]).

---

[1]) Vergl. P. B. Gams, Series episcoporum ecclesiae catholicae. Ratisponae 1873. p. 81. Ders., Die Kirchengeschichte von Spanien. Bd. III, a. Regensburg 1876. S. 20—28. Auch Hauréau, Histoire etc. I, 54 f. zollt Raymunds Verdiensten um die Wissenschaft hohes Lob. S. 55 sagt er von ihm: Le bienfait de l'archevêque Raymond est un de ces qu' il faut graver sur l'airain; il n'y en a peut-être pas qui soient plus dignes d'une éternelle reconnaissance.

[2]) Wenn es Ms. lat. 6552 der Par. N.-B. heißt: „Metaphysica Algazelis translata a magistro Dominico, archidiacono Segoviensi, apud Toletum ex arabico in latinum (Jourdain a. a. O. S. 110), so bezeichnet *apud Toletum*, dem mittelalterlichen Sprachgebrauch gemäß, hier natürlich nicht bei Toledo, sondern in Toledo.

[3]) Über ihn vergl. Jourdain, a. a. O. S. 113 ff. Leclerc, II., S. 370 ff. Wüstenfeld, a. a. O. S. 25 ff. Menendez Pelayo, a. a. O. S. 399. Steinschneider, in Schlömilchs Zeitschrift für Mathematik und Physik. Jahrg. 1871. S. 373—75. Bardenhewer, a. a. O. S. 128 ff. D. Kaufmann, Göttingische Gelehrte Anzeigen, Jahrg. 1883. Bd. I. S. 546 ff. Rich. Foerster, De Arist. quae feruntur secretis secretorum. Kiliae 1888. p. 25 ff.

[4]) Das Nähere in den S. 31 Anm. 2 citierten Schriften.

Über seinen Anteil an der gemeinschaftlichen Übersetzerthätigkeit giebt Joannes Hispanus in seinem bekannten Prolog zu dem sogenannten *Sextus liber naturalium* Avicennas (einer psychologischen Schrift, gedruckt Pavia 1486 und Venedig 1508) Auskunft. Da der Text bei Jourdain, a. a. O S. 449 und Leclerc, II, S. 371, mehrere Fehler bietet, die auch bei Loewenthal (a. a. O. S. 20) nicht gehoben sind, so drucke ich denselben mit den Verbesserungen ab, die sich aus Ms. lat. 6443 der Par. N.-B. ergeben:

Reverendissimo Toletanae sedis archiepiscopo et Hispaniarum primati Joannes Avendehut Iraelita, philosophus, gratum debitae servitudinis obsequium.

Cum omnes constent ex anima et corpore, non omnes sic certi sunt de anima, sicut de corpore; quippe cum illud sensui subiaceat, ad hanc vero non nisi solus (solus fehlt bei Jourdain u. Leclerc) intellectus attingat. Unde homines sensibus dediti aut animam nihil credunt, aut si forte ex motu corporis eam esse coniiciunt, quid est, vel qualis est, plerique fide tenent, sed pauci ratione

Was aber für unsern Gegenstand von der höchsten Bedeutung ist: auch an der Übersetzung der „Lebensquelle" des Ibn Gabirol durch Johannes Hispanus nahm Gundisalvi thätigen Anteil. Klar bezeugt dieses die Unterschrift des Cod. 3472 (alte Nummer 510) der Bibliothèque Mazarine zu Paris. Nach Molinier's Katalog[1]) lautet dieselbe folgendermaßen:

Libro perscripto sit laus et gloria Christo,
Per quem finitur, quod ad eius nomen initur.
Transtulit Hispanis[2]) interpres lingua Joannis
Tunc ex arabico, non absque iuvante Domingo.

Gundisalvi war also mit dem Fons vitae des Avencebrol wohl bekannt; nach dieser Seite hin steht seiner Urheberschaft nichts im Wege.

Als selbständige Werke Gundisalvi's werden folgende angeführt[3]):

convincuntur. Indignum siquidem est, ut illam partem sui, qua est sciens, homo nesciat (Jourdain: sui quae est, sciens homo, nesciat) et id, per quod intellectualis est, ratione ipse non comprehendat. Quomodo enim iam se vel Deum poterit diligere, cum id, quod in se melius est, convincitur ignorare. Omni etenim creaturae paene homo corpore inferior est, sed sola anima aliis antecellit, in qua sui creatoris simulacrum expressius quam cetera gerit. Quapropter iussum vestrum, Domine, de transferendo Avicennae philosophi libro de anima effectui mancipare curavi (Jourdain u. Leclerc: curas), quatenus vestro munere et nostro labore Latinis (Jourdain: latinus) fieret certum, quod hactenus exstitit incognitum; scilicet an sit anima, et quid et qualis sit secundum essentiam et effectum, rationibus verissimis comprobatum. Hunc igitur librum vobis praecipientibus, et me singula verba vulgariter proferente, et Dominico Archidiacono singula in latinum convertente, ex arabico translatum — in quo quidquid Aristoteles dixit in libro suo de anima et de sensu et sensato et de intellectu et intellecto ab auctore libri hic sciatis collectum esse (Jourdain u. Leclerc: libri scias) — unde postquam, Deo volente, hunc habueritis, in hoc illos tres plenissime vos habere non dubitetis.

[1]) Auguste Molinier, Catalogue des manuscrits de la Bibliothèque Mazarine. Bd. III. Paris 1890. S. 95.

[2]) So nach dem Katalog, wie auch schon Menendez Pelayo a. a. O. S. 398 liest. Guttmann a. a. O., S. 15, Anm. 2, bietet den Nominativ *Hispanus*, durch welchen die Stelle allerdings unverständlich wird. Im letzten Hexameter liest Guttmann *hinc* statt *tunc*, was in der That durch den Sinn gefordert scheint.

[3]) Zuletzt bei Loewenthal a. a. O. S. 13.

1) De immortalitate animae, erhalten im cod. lat. 16613 fol. 43 der Nationalbibliothek. Jourdain hat in seinen Recherches critiques S. 450 den Anfang dieser Schrift veröffentlicht.

2) De processione mundi oder De creatione mundi, erhalten im cod. Par. 6443 fol. 95 der Nationalbibliothek und im cod. 7 fol. 184 des Collegium Oriel in Oxford, sowie Ms. Cambridge, Gajo — Gonville 504 No. 14 [1]). Gedruckt ist dieselbe nach der Pariser Handschrift bei Menendez Pelayo, Hist. de los heterodoxos españoles, I. S. 691—711.

3) De divisione philosophiae, erhalten im cod. Digby 76, (Cat. Mss. Angl. I, 81. n. 1677): *Alpharabius de scientiis sive liber Gundesalvi de divisione philosophiae*, ferner im cod. 86 des Collegium Corpus Christi in Oxford [2]), sowie im cod. 14700 der Pariser Nat.-Bibl., über den oben S. 13 gehandelt ist [3]).

Dieser Schrift ist angehängt:

4) De ortu scientiarum [4]) oder vollständig *Epistola* [5]) *de assignanda causa, ex qua ortae sunt scientiae philosophiae et ordo earum in disciplina*. Die Schrift findet sich unter dem Namen des Alfarabi in der Handschrift 6298 der Pariser Nat.-Bibl., sowie in der Bodleiana, Catal. MSS. Angl. I 173 n. 3623. Dem Avicenna wird sie beigelegt in Ms. 6443 der Pariser Nat.-Bibl. [6]).

Anonym ist sie überliefert im cod. 14700 derselben Bibliothek und unter dem Namen Gundisalvis, wie es scheint, im cod. 86 des Collegium Corpus Christi zu Oxford [7]).

---

[1]) Letztere Handschrift kann ich nur nach Loewenthal a. a. O. anführen.

[2]) Vergl. oben S. 14, Anm. 1.

[3]) Vergl. auch Moritz Steinschneider, Al-Farabi, Mémoires de l'académie des sciences de St.-Pétersbourg. VII. sér. t. XIII. No. 4. St. Petersburg 1869, S. 83.

[4]) Vergl. Steinschneider a. a. O., S. 89.

[5]) Hauréau a. a. O. II. a, S. 55 Anm. 3 liest in Folge falscher Auflösung einer Abkürzung *copula*. Das entsprechende arabische Wort heißt zugleich Brief und Traktat.

[6]) Auf die Frage von Steinschneider a. a. O. kann ich antworten, daß die hier dem Avicenna beigelegte Schrift *De ortu scientiarum* in der That mit der sonst dem Alfarabi beigelegten identisch ist.

[7]) Vergl. S. 14, Anm. 1.

5) De anima, Bibl. nat. 16613, von Johannes Walensis, einem englischen Minoriten des XIII. oder XIV. Jahrhunderts, als Werk des Gundisalvi citiert¹).

Von diesen Schriften scheidet aus die von Hauréau²) als eigenes Werk des Gundisalvi bezeichnete Abhandlung *De ortu scientiarum*. Dieselbe ist eine einfache Übersetzung des arabischen Traktates Alfarabis³).

Die Schrift *De divisione philosophiae* zeigt zwar, wie schon Hauréau nachgewiesen hat, einige Einschiebungen christlichen Ursprunges; im Übrigen dürfte auch sie sich ziemlich getreu an das Original des Alfarabi anschließen.

Einen etwas freieren Charakter trägt die Schrift *De anima*. Auch hier ist der größte Teil des Inhalts meist wörtlich entlehnt, teils aus Avicennas sogenanntem *Liber sextus naturalium*, teils — und hierin liegt eine schlagende Parallele für unsere Schrift *De unitate* — aus dem *Fons vitae* Avencebrols⁴); daneben finden sich auch hier die eingeschobenen christlichen Citate⁵).

Eine noch freiere schriftstellerische Composition zeigt die Abhandlung *De processione mundi*. In den Gedanken aber finden wir auch hier enge Abhängigkeit von Avencebrols Fons vitae, sowie von Boethius.

Die Abhängigkeit von Avencebrol durch Beispiele zu erhärten, dürfte sich erübrigen. Kehrt doch die Grundanschau-

---

¹) Vergl. Loewenthal a. a. O. S. 13.

²) Hist. de la philos. scol. II. a, S. 55, Anm. 3.

³) In der Abhandlung, welche mir in einer Abschrift nach Cod. Par. lat. 6443 u. 14700 vorlag, findet sich nichts, was auf Abfassung oder auch nur Umarbeitung von abendländischer Seite schließen ließe.

⁴) Vergl. Munk, Mélanges S. 171; Guttmann, S. 13 f. und besonders Loewenthal, S. 18 ff.

⁵) Guttmann, a. a. O., S. 15, Anm. 3, folgert aus einer Bemerkung am Schlusse der Schrift *De anima*, daß Johannes Hispanus an der Abfassung dieser Schrift nicht unbeteiligt gewesen sei. — Seine Begründung erweist sich jedoch bei näherer Betrachtung des Zusammenhanges als nicht stichhaltig. Wenn es nämlich an der von Guttmann angezogenen Stelle heißt: . . . . cum angeli gaudeant pro conversione nostra, „so ist dieser Convertit, über den sich die Engel im Himmel freuen" (Guttmann a. a. O.) keineswegs „Johannes, der bekannte Mitarbeiter des Gundisalvi". Wie der Zusammenhang lehrt, geht das Possessivpronomen nostra nicht auf eine bestimmte Persönlichkeit,

ung Avencebrols, die Lehre von der universellen Form und der universellen Materie, fast auf jeder Seite wieder.

Das Verhältnis zu Boethius aber mögen folgende Beispiele darthun:

De processione mundi.	*Boethius.*
Menendez Pelayo p. 691: Unde dicitur, quod in naturalibus rationaliter, in mathematicis disciplinariter, in theologicis intelligentialiter versari oportet.	De trinitate c. 2. p. 152, 15 (Peiper): In naturalibus igitur rationaliter, in mathematicis disciplinariter, in divinis intellectualiter versari oportebit.
Ebendaselbst p. 692: Sensus enim apprehendit sensibiles formas simul in praesenti; imaginatio formas sensibiles in absenti, materia simul; ratio formas sensibiles praeter materiam; intellectus formas intelligibiles tantum; intelligentia vero unam simplicem formam, utcunque sit, similiter apprehendit.	Philos. consol. V 4. p. 134, 80: Sensus enim figuram in subiecta materia constitutam, imaginatio vero solam sine materia iudicat figuram; ratio vero hanc quoque transcendit speciemque ipsam, quae singularibus inest, universali consideratione perpendit; intelligentiae vero celsior oculus existit: supergressa namque universitatis ambitum ipsam illam simplicem formam pura mentis acie contuetur.

Beziehungen auf den Fons vitae scheinen auch in der Schrift *De immortalitate animae* vorzuliegen. Man vergleiche aus

---

sondern bezieht sich auf die Menschheit im allgemeinen. Der Verfasser sucht an dieser Stelle die Behauptung, daß die Seele nach ihrer Trennung vom Körper die Erinnerung an die irdischen Dinge bewahre, unter Berufung auf Bibelstellen zu erweisen und erhärtet seine Erörterung zum Schluß durch Anführung der bekannten Stelle des Neuen Testaments (Luc. 15, 7), an welcher den Engeln, die sich über unsere Umkehr freuen, Teilnahme an den Geschicken der Menschen zugeschrieben wird. Um wieviel mehr sei eine solche Teilnahme, und daher auch Erinnerung an das irdische Leben, bei denen voraus zu setzen, welche uns — d. h. uns Menschen — im Leben nahe gestanden. Cod. Par. Bibl. Nat. 16613 fol. 42^r: De sensibilibus vero unam, scilicet memoriam, retinet. Etsi enim damnatus dives apud inferos fratrum suorum memoriam non amisit, dicens: habeo quinque fratres et cetera (Luc. 16, 28), quanto magis spiritus a corpore exuti memoriam nostri non descrent, quos dum viverent in Christo dilexerunt; cum angeli gaudeant pro conversione nostra.

dem Prologe: „Haec enim (sc. animae) indubitanter sentiunt se nihil habere cum morte, et seorsum se esse a regione mortis agnoscunt, et continuitatem suam ad fontem vitae; et nihil est interponibile sibi et fonti vitae".

In der **Methode** und dem **Verhältnis** zu den Quellen zeigt sich also volle Übereinstimmung zwischen den sicheren Schriften des Dominicus Gundisalvi und dem Traktat *De unitate*. Besonders schlagend, ist dieselbe bei der Abhandlung De processione mundi, welche, gerade wie unsere Schrift De unitate, ihren ersten Teil auf Boethius, ihren zweiten auf Avencebrol stützt.

Ebenso aber herrscht auch Übereinstimmung in den **Gedanken**. Überzeugendes bietet auch hier vor Allem der Traktat *De processione mundi*. Wenige Beispiele mögen genügen.

Beide Traktate lehren, daß das Sein aus der Form stamme, und bestimmen darum das Sein als die Existenz der Form in der Materie:

De unitate.	*De processione mundi.*
pag. 3, 10: Omne enim esse ex forma est, in creatis scilicet. Sed nullum esse ex forma est, nisi cum forma materiae unita est. Esse igitur est nonnisi ex coniunctione formae cum materia. Unde philosophi sic describunt illud dicentes: esse est existentia formae in [1]) materia.	Menendez Pelayo p. 699, 3: Cum enim ex forma sit omne esse. (Vergl. p. 700, 2; 701, 7; 701, 22 u. s. w.). Ebendas. p. 700, 8. Esse enim, ut philosophi definiunt, nihil aliud est, quam existentia formae in materia.

Ebenso treffen wir die Lehre, daß jegliches Ding das, was es ist, nur darum ist, weil es eines ist, in der Schrift *De processione mundi*:

De unitate.	*De processione mundi.*
pag. 3, 8: Unde est illud: Quidquid est, ideo est, quia unum est.	pag. 702, 4: Quidquid est, ideo est, quia unum est. Vergl. pag. 702, 10; 706, 31.

In nahezu gleichen Wendungen sprechen beide Schriften von dem Streben eines jeglichen Dinges nach der Einheit:

---
[1]) Vergl. Nachtrag zu der Stelle.

De unitate.	De processione mundi.
pag. 4, 13: Ac per hoc, quia ex quo res habet esse, una est: ideo motus omnium substantiarum est ad unum et propter unum; et nihil eorum, quae sunt, appetit esse multa, sed omnia, sicut appetunt esse, sic et unum esse. Quia enim omnia esse naturaliter appetunt, habere autem esse non possunt, nisi sint unum, ideo omnia ad unum tendunt.	pag. 700 unten: Hinc est quod materia dicitur desiderare formam et moveri ad recipiendum illam, motu scilicet naturalis appetitus, quo omnia appetunt esse unum. Unum enim non potest esse nisi per formam.

Nach dem Gesagten dürfte es selbst dann nicht mehr zweifelhaft sein, daß wir in Dominicus Gundisalvi den Verfasser des Traktates De unitate zu erkennen haben, wenn uns dafür auch keine handschriftliche Gewähr zu Gebote stände.

II.
Philosophiegeschichtliche Stellung des Traktates *De unitate*.

Zur bequemeren Übersicht für die folgende philosophiegeschichtliche Untersuchung dürfte es sich empfehlen, die Grundlehren des Traktates in Form kurzer Thesen herauszugreifen:

1) An der Spitze der ganzen Weltordnung steht die oberste ungeschaffene Einheit, die weder Anfang, noch Ende hat, weder Vielfältigkeit, noch Veränderlichkeit zeigt.

2) Diese erste Einheit hat als schöpferische Einheit (creatrix unitas) eine zweite unter ihr stehende Einheit hervorgebracht: die Welt des Erschaffenen (creata unitas).

3) Die Welt des Geschaffenen steigt ab in den drei Stufen der Intelligenz, der Seele und der Körperwelt.

4) Die Elemente dieser geschaffenen Welt sind Materie und Form. Der Unterschied von Materie und Form ist nicht auf das Gebiet der Körperwelt beschränkt, sondern durchzieht auch die Welt der Intelligenzen und der Seelen.

5) Die Kraft, welche diese beiden einander entgegengesetzten Principien verbindet und so den Dingen das Sein verleiht, ist die einem jeden eigentümliche Einheit (S. 3, 14 ff.). Im weitern Verlaufe der Abhandlung tritt insofern eine kleine Verschiebung des Gedankens ein, als nunmehr mit der Einheit die Form selbst indentificiert wird, welcher die Funktionen jener übertragen werden.

6) Ebenso wie die Einheit im Sinne der Totalität des

Geschaffenen (No. 2) hat auch die Einheit im Sinne der Form (No. 5) ihren Ursprung in der obersten absoluten Einheit. Dieser Hervorgang wird schlechtweg als Schöpfung bezeichnet, ohne hinsichtlich seines Wesens eine nähere Bestimmung zu erfahren.

7) Jedem Dinge wohnt das Streben nach dem ihm möglichen Grade des Seins und somit auch das Streben nach dem ihm möglichen Grade der Einheit inne. Auch dieses Streben ist ihm vom Schöpfer eingepflanzt.

8) Der Grund für die geringere Vollkommenheit der geschaffenen Welt gegenüber ihrem Schöpfer und innerhalb der ersteren für die der niederen Stufe gegenüber der höheren ist in dem geringeren Grade der Einheit des Niedern zu suchen.

9) Die Ursache für diesen geringeren Grad der Einheit des Niederen aber liegt in der Beschaffenheit der Materie. Je mehr sich diese von der obersten Einheit entfernt, desto gröber wird sie und desto größer ist ihr Widerstand gegen die Einheit.

Dem kundigen Leser wird sich bei der Lektüre dieser Sätze sofort die Wahrnehmung aufgedrängt haben, daß der Boden, dem die Abhandlung entsprossen ist, von den Lehren der griechischen Philosophie, vornehmlich von neuplatonischen Gedanken, durchtränkt ist.

Auf zwei Wegen sind diese neuplatonischen Lehren dem christlichen Mittelalter zugeführt worden: durch das christliche Altertum, namentlich durch Boethius und Augustinus, einerseits und durch die arabisch-jüdische Philosophie anderseits.

Daß auch in unserm Traktat beide Strömungen zusammenfließen, ist bereits im Voraufgehenden von uns nachgewiesen.

Als den Vermittler des arabischen Neuplatonismus für Gundisalvi haben wir Ibn Gabirol kennen gelernt. Ebenso ist auch die Abhängigkeit Gundisalvis von Boethius und Augustinus dargethan.[1)]

Aber die Beziehungen der in dem Traktate entwickelten

[1)] Für Augustinus vergl. S. 18, Anm. 1.

Lehren zu dem Platonismus oder Neuplatonismus des christlichen Altertums gehen weiter, als sich aus den im vorigen Abschnitt bereits gebotenen Nachweisungen schon ergiebt. Für eine nicht unbeträchtliche Zahl der Gedanken, deren unmittelbare Quelle Avencebrol ist, fehlt es nicht an Augustinischen Parallelen. Bietet eine Zusammenstellung dieser schon vom allgemeinen philosophiegeschichtlichen Standpunkte aus Interesse, so wächst dasselbe noch bei genauer Feststellung der Grenzen, bis zu denen diese Parallelen gehen, und wo sie aufhören.

Auch Augustinus lehrt an der bereits oben angezogenen Stelle, daß das Sein eines Wesens im Eins-Sein bestehe. Ein jedes Ding sei darum, in sofern als es die Einheit besitze: das Einfache, da es eben als Einfaches ein Eines sei, das Zusammengesetzte, in sofern es durch die Harmonie seiner Teile die Einheit nachahme. *De moribus Manichaeorum* c. 6 n. 89: Nihil est autem esse, quam unum esse. Itaque in quantum quidque unitatem adipiscitur, in tantum est. Unitatis est enim operatio, convenientia et concordia, qua sunt, quantum sunt ea, quae composita sunt; nam simplicia per se sunt, quia una sunt; quae autem non sunt simplicia, concordia partium imitantur unitatem [1]) et in tantum sunt, in quantum assequuntur.

An einer andern Stelle behandelt er ausführlicher die Einheit, auf der das Sein der Körper beruht. Wenn nicht eine gewisse Einheit diese zusammenhielte, so wären sie überhaupt nichts; erreichten sie dagegen die Einheit ihrem vollen Begriffe nach, so wären sie keine Körper mehr. Diese Einheit der Körper aber, wie überhaupt jede Einheit, leitet auch Augustinus von der höchsten Einheit ab, die jedem Dinge seine Einheit und damit sein Sein gegeben hat. Vgl. *De vera religione* c. 32, n. 60: Nunc vero, cum dicit corporibus (sc. artifex): „vos quidem nisi aliqua unitas contineret, nihil essetis, sed rursus, si vos essetis ipsa unitas, corpora non essetis". . . . *Ebdas. c. 34*, n. 63—64: Omne quippe corpus verum corpus est, sed falsa

---

[1]) Vergl. *De unitate* S. 10, 15—16. Quaecunque enim sunt, id quod sunt, aut vera unitate esse nituntur aut saltem eam simulando mentiuntur (so, nicht nituntur, ist nach Cod. Par. 14700 und einer Wiener Hdschr. zu schreiben; s. Nachtrag).

unitas. Non enim summe unum est, aut in tantum id imitatur, ut impleat: et tamen nec corpus ipsum esset, nisi utcunque unum esset. Porro utcunque unum esse non posset, nisi ab eo, quod summe unum est, id haberet. O animae pervicaces, date mihi, qui videat omnis unius principium non esse, nisi unum solum, a quo sit omne unum, sive illud impleat, sive non impleat.

Überraschender noch ist die Übereinstimmung, die sich zwischen Augustinus und Ibn Gabirol hinsichtlich der Lehre über die Materie der geistigen Substanzen findet. Man ist gewöhnt, diese Unterscheidung von Form und Materie auch in der Welt der Geister als das persönlichste Eigentum Ibn Gabirols anzusehen. Gleichwohl beruft sich schon Bonaventura, der die gleiche Anschauung vertritt,[1]) zu seiner Rechtfertigung auf die Lehre Augustins.[2]) Die von Bonaventura *(in Sent. l. II. d. 3 p. 1 a. 1 q. 2)* angezogene Stelle *De mirabilibus sacrae scripturae I, 1* lautet im Zusammenhange: Aeternus ergo et omnipotens creator rerum . . . . . . ut immensam bonitatem ac potentiam et benevolentiam, quas in se solo prius habuit, etiam per creaturas ostenderet, ex informi materia quam ipse prius ex nihilo condidit, cunctarum visibilium et invisibilium rerum, hoc est sensibilium et insensibilium, intellectualium et intellectu carentium, species multiformes divisit.

Die Schrift, auf die Bonaventura hier zurückgreift, ist zwar jetzt als nicht Augustinisch erwiesen; da sie jedoch während des Mittelalters Augustinus zugesprochen wurde, so ist auch sie als ein für die Entstehung des Traktates De unitate nicht unbedeutsamer Faktor mit in Ansatz zu bringen.

Indes bedarf es dieser pseudoaugustinischen Schrift nicht. Auch in den echten Schriften des Bischofs von Hippo findet sich

---

[1]) Vergl. Joseph Krause, die Lehre des hl. Bonaventura über die Natur der körperlichen und geistigen Wesen und ihr Verhältnis zum Thomismus. Paderborn. 1888. S. 51 ff. und S. 70 ff.

[2]) Dagegen heißt es freilich bei Thomas von Aquin: in sent. l. II. d. 3 q. 1 a. 1: Quidam enim dicunt, quod in omni substantia creata est materia, et quia omnium est materia una, et huius positionis auctor videtur Avicebron, qui fecit librum fontis vitae, quem multi sequuntur.

unverkennbar diese Anschauung vertreten. Bekanntlich entscheidet sich der Kirchenlehrer, ausgehend von dem biblischen Deus creavit omnia simul[1]), für die Annahme einer in einem Augenblick erfolgten gleichzeitigen Erschaffung der Geistes- und Körperwelt. In der weiteren Ausführung dieses Gedankens kommt er zu dem Resultat, daß zunächst von Gott die Materie sowohl der geistigen, wie der körperlichen Wesen geschaffen wurde, in der die Keime zur weitern Ausbildung eingeschlossen waren.[2])

Namentlich in der Schrift De genesi ad litteram begegnet uns diese spirituelle Materie bei der Erörterung des Ursprunges der Seele des ersten Menschen. Augustinus hält es für eine durchaus wahrscheinliche Ansicht, daß, wie der Leib des ersten Menschen aus der Erde, so seine Seele aus dieser zuvor von Gott geschaffenen geistigen Materie gebildet sei. Wie die Erde, aus der das Fleisch des ersten Menschen geschaffen wurde, ein Etwas, wenn auch nicht Fleisch war, so gehe auch der Bildung der Seele eine geistige Materie voraus, die noch nicht die Seele war.

Die am meisten bezeichnenden Stellen mögen hier in ihrem Wortlaute gegeben werden: *De gen. ad litt. VII, c. 6 n. 9*: Sed sicut haec, excepto quod iam caro est, in qua natura vel proficit, ut pulchra, vel deficit, ut deformis sit, habuit etiam materiem, id est, terram, de qua fieret, ut omnino caro esset: **sic fortasse potuit et anima, antequam ea ipsa natura fieret, quae anima dicitur, cuius vel pulchritudo virtus, vel deformitas vitium est, habere aliquam materiam pro suo genere spiritalem, quae nondum esset anima,** sicut terra, de qua caro facta est, iam erat aliquid, quamvis non erat caro. *De gen. ad litt. VII, c. 27 n. 39*: Frustra ergo iam quaeritur, ex qua veluti materia facta sit anima, si recte intelligi potest in primis illis operibus facta, cum factus est dies. Sicut

---

[1]) Ecclesiasticus 18, 1: Qui vivit in aeternum, creavit omnia simul.
[2]) Vergl. Franz L. Grassmann: Die Schöpfungslehre des heil. Augustinus und Darwins. Regensburg 1889. S. 19 ff.

enim illa, quae non erant, facta sunt, sic et haec inter illa. Quod si et materies aliqua formabilis fuit et corporalis et spiritalis, non tamen et ipsa instituta nisi a Deo, ex quo sunt omnia, quae quidem formationem suam non tempore, sed origine praecederet, sicut vox cantum: quid nisi de materia spiritali facta anima congruentius creditur? [1])

Somit haben sich hinsichtlich der im Traktat De unitate enthaltenen Lehren zahlreiche Übereinstimmungen zwischen dem christlichen Platonismus Augustins und dem arabischen Neuplatonismus Ibn Gabirols ergeben. Die Theorie von der obersten Einheit, als dem Ursprunge aller Einheit, die Lehre von der geschaffenen Einheit, durch die das Sein jedes Dinges bedingt wird, der Satz, daß alle Dinge nach der Einheit streben, die Unterscheidung von Stufen der Einheit, die größer ist in den einfachen, als in den körperlichen Wesen, die Aufstellung einer Materie auch in der geistigen Welt: alle diese Anschauungen finden wir in nahezu gleicher Weise bei Augustinus, wie bei Ibn Gabirol ausgesprochen.

Diese Übereinstimmung zwischen Gedanken zweier Männer, die doch völlig unabhängig von einander sind, kann in dem vorliegenden Falle nicht befremden. Gehen wir dem letzten Ursprung dieser Gedanken nach, so treffen wir schließlich auf eine gemeinsame Quelle bei beiden. Ich kann mich hinsichtlich dieses Punktes kurz fassen, da wenigstens für Ibn Gabirol die allgemeinen Gesichtspunkte von Munk [2]) festgestellt sind, zu dessen Arbeit Joël [3]) und Guttmann Nachträge geliefert haben.

Den Ausgangspunkt der Lehre von der Einheit finden wir in einem Satze des Aristoteles. Sehr häufig kehrt in seiner Metaphysik der Gedanke wieder, daß Seiendes ($ὄν$) und Eines ($ἕν$)

---

[1]) Vergl. ebendas. I, c. 4, n. 9; VII, c. 19, n. 25; c. 21, n. 31.
[2]) Munk, Mélanges S. 233—261.
[3]) M. Joël, Beiträge zur Geschichte der Philosophie, Bd. I. Breslau 1876. Anhang: Ibn Gebirols (Avicebrons) Bedeutung für die Geschichte der Philosophie.

identisch seien.¹) Das Sein für ein jedes ist ein Eines-Sein.²)

Der Neuplatonismus übernimmt diese Lehre von der Einheit als dem Seinesgrunde jedes Dinges. Es möge genügen, aus den Schriften der Neuplatoniker hierfür ein besonders schlagendes Beispiel anzuführen. Bei Proklus στοιχείωσις θεολογική §. 13 heißt es: τὸ σωστικὸν καὶ συνεκτικὸν τῆς ἑκάστων οὐσίας ἐστὶ τὸ ἕν· τῷ γὰρ ἑνὶ σώζεται πάντα καὶ ὁ σκεδασμὸς ἕκαστον ἐξίστησι τῆς οὐσίας.

Wenn im weiteren Verlaufe bei Ibn Gabirol und Gundisalvi diese Einheit mit der Form identificiert wurde, so beruht dies auf einer nahe liegenden Combination. Die Funktion, die der Neuplatonismus hier der Einheit beilegt, nämlich das Ding in seinem Sein zu erhalten und zu bewahren, spricht Aristoteles der Form zu und auch diese Anschauung ist von dem Neuplatonismus mit übernommen.

Indes gehen die Neuplatoniker noch über diesen Standpunkt des Aristoteles hinaus. In Übereinstimmung mit dem Neupythagoreern³) stellen sie die Einheit als den Grund aller Vollkommenheiten und alles Guten an die Spitze der ganzen Weltordnung.⁴) Wenn auch von diesem Ur-Einen seinem Wesen nach verschieden,⁵) so ist doch ein jedes Ding eins nur durch Teilnahme an dem Einen. ⁶) Die Ureinheit ist der Grund aller gewordenen Einheiten.

Augustinus, dem christlichen, wie Ibn Gabirol, dem jüdischen Philosophen, lag die Aneignung dieses Satzes nahe. Die Lehre der Neuplatoniker, daß der Grund alles Seins die Einheit

---

¹) Vergl. Aristot. metaph. IV 2, 1003 b 22: εἰ δὴ τὸ ὂν καὶ τὸ ἓν ταὐτὸ καὶ μία φύσις. X. 2, 1054 a 13: ταὐτὸ σημαίνει πως τὸ ἓν καὶ τὸ ὄν. III 4, 1001 b 6: ἅπαντα δὲ τὰ ὄντα ἢ ἕν ἢ πολλά, ὧν ἓν ἕκαστον. Mit der letztern Stelle vergl. De unitate S. 10, 17—18: Quidquid enim est, vel est unum vel plura. Pluralitas autem non est nisi ex aggregatione unitatum.

²) Aristot. metaph. X 2, 1054 a 18: τὸ ἑνὶ εἶναι τὸ ἑκάστῳ εἶναι.

³) Vergl. Zeller, Philosophie der Griechen III, b. 3. Aufl. Leipzig 1881. S. 113 ff.

⁴) Für Plotin vergl. Zeller a. a. O. S. 491 ff.

⁵) Prokl. Institut. theol. §. 4: πᾶν τὸ ἡνωμένον ἕτερόν ἐστι τοῦ αὐτοενός.

⁶) Prokl. a. a. O. §. 3: πᾶν τὸ γιγνόμενον ἓν μεθέξει τοῦ ἑνὸς γίγνεται ἕν.

sei, berührt sich mit der Grundlehre der monotheistischen Religionen, dem „Audi Israel, Dominus Deus noster Dominus unus est".[1])

Ebenso entstammt die beiden gemeinschaftliche Annahme einer geistigen Materie dem Neuplatonismus. Nachdem schon Plato bei der letzten Gestaltung seiner Lehre ein materielles Princip auch in der Idealwelt angenommen hatte,[2]) führte Aristoteles die Vorstellung einer „intelligibelen Materie" ($ὕλη\ νοητή$) im Mathematischen und in den Begriffen ein.[3]) Weiter durchgebildet erscheint die Platonische Lehre von dem materiellen Princip in der Idealwelt bei den Neupythagoreern.[4]) Nach allen diesen Vorgängern entwickelte Plotin seine Lehre von der intelligibelen Materie. Wie in der Körperwelt, sind auch in der Idealwelt Materie und Form zu unterscheiden. Diese Idealwelt aber und mit ihr die intelligibele Materie hat ihren Ort in der Intelligenz, dem Nus.[5])

Wie sicher mit Boethius, so war Gundisalvi aller Wahrscheinlichkeit nach auch mit den einschlägigen Schriften Augustins bekannt. Die Berührungen in einzelnen Sätzen sind zu auffällig, als daß sie für zufällig erklärt werden könnten.[6]) Wir dürften daher mit der Annahme nicht fehlgreifen, daß der Platonismus resp. Neuplatonismus dieser beiden Vertreter der patristischen Periode ihn für die Annahme des Neuplatonismus Avencebrols vorbereitet habe.

Nicht in allen Punkten freilich übernimmt Gundisalvi den Neuplatonismus Ibn Gabirols. Wo es sich um den Hervorgang der geschaffenen Wesen aus der obersten Einheit handelt, spricht er nicht, wie Ibn Gabirol, in einer an den Emanatismus der Neuplatoniker anklingenden Weise von einem Ausfließen der Form aus dem ersten Quell und deren Ergießung auf die Ma-

---

[1]) Deut. 6, 4.
[2]) Vergl. Zeller, Philos. d. Gr. II, a. 3. Aufl. Leipzig 1875, S. 810. Baeumker, Das Problem der Materie in der griechischen Philosophie. Münster 1890, S. 198 ff.
[3]) Baeumker a. a. O. S. 292 ff.
[4]) Baeumker a. a. O. S. 394 f. 399.
[5]) Zeller a. a. O. III, b. S. 525 f. Baeumker a. a. O. S. 409 ff.
[6]) Vergl. S. 17. S. 41 Anm. 1.

terie,¹) sondern er bedient sich stets des allgemeinen übrigens auch von Ibn Gabirol selbst an vielen Stellen angewendeten — Ausdruckes *creare*, ohne auf dessen Bedeutung des Näheren einzugehen.

Ebenso fremd ist ihm die Vorstellung, daß die Materie aus dem Wesen des Urprincips entspringe, die Form dagegen aus der Eigenschaft dieses ersten Wesens hervorgehe.²)

In unverkennbarer Anlehnung an die Emanationslehre des Neuplatonismus dagegen betrachtet Gundisalvi mit Ibn Gabirol das **Herabsteigen der Einheit in den drei Stufen der Intelligenz, Seele und Körperwelt.**

Je mehr sich die Einheit von der obersten Einheit entfernt, desto mehr verliert sie von ihrer einigenden Kraft, bis sie schließlich zu der untersten Grenze, der Materie der Körperwelt, gelangt.

Daß die Einheit in der letzteren die unvollkommenste ist, diesem Gedanken zwar sind wir auch bei Augustinus begegnet. Neu dagegen ist die Lehre, daß die Einheit durch die stufenweise zunehmende Unvollkommenheit der Materie, die sich ihrer Einwirkung widersetzt, an Vollkommenheit einbüßt.

Freilich lehrt schon Aristoteles, daß in jedem Dinge die Form vorhanden sei nach Maßgabe der Aufnahmefähigkeit der Materie.³) Jene Verselbständigung der Materie dagegen bei der Erklärung des Hervorganges der Dinge ist dem Aristoteles völlig fremd. Sie ist ein specifisches Element der **neuplatonischen Emanationslehre.**

Was nun die drei Stufen selbst betrifft, so sind dieselben zwar gleichfalls ein grundlegender Bestandteil der neuplatoni-

---

¹) Vergl. Guttmann a. a. O. S. 256.
²) Vergl. Guttmann a. a. O. S. 259.
³) Vergl. Aristot. De anima II, 2. p. 414 a 25—26: ἑκάστου γὰρ ἡ ἐντελέχεια ἐν τῷ δυνάμει ὑπάρχοντι καὶ τῇ οἰκείᾳ ὕλῃ πέφυκεν ἐγγίγνεσθαι. Noch prägnanter spricht Proklus diesen Gedanken aus, und auf Grund des Proklus der *liber de causis*. Vergl. Prokl. institut. theol. §. 122 πᾶν . . . . . ἀπολαύει τῶν ἀγαθῶν, ὧν δέχεσθαι δύναται, κατὰ τὰ μέτρα τῆς οἰκείας ὑποστάσεως. Liber de causis §. 19 Prima enim bonitas influit bonitates super res omnes influxione una; veruntamen unaquaeque rerum recipit ex illa influxione secundum modum suae virtutis et sui esse.

nischen Lehre.¹) Anderseits aber bietet die — von dem Neuplatonismus selbstverständlich unabhängige — biblische Dreiteilung der reinen Geistweisen, der unsterblichen Seele und der sichtbaren Welt analoge Stufen. Nicht die Herübernahme dieser Stufen an sich durch Avencebrol und Gundisalvi ist darum schon von philosophiegeschichtlicher Bedeutung, sondern die Art und Weise, in der, wie oben ausgeführt, der Hervorgang jener Stufen und die innere Beschaffenheit einer jeden derselben erklärt wird.

Von einer unmittelbaren **Einwirkung** der Schrift *De unitate* auf die Entwicklung der Philosophie — abgesehen von einem gelegentlichen Citat bei **Alanus ab Insulis**²) — ist nichts bekannt. Hauréau glaubte zwar, die pantheistischen Anschauungen des **David von Dinant** mit jenem Traktat in ursächlichen Zusammenhang bringen zu sollen.³) Solche pantheistische Anschauungen sind indes dem Traktate völlig fremd. Von Davids charakteristischer Begründung seines Pantheismus vollends, nach der die zuerst angenommenen drei Principien: Gott, Materie, Intellekt, wegen ihrer völligen Abstraktheit ununterscheidbar sind und darum zusammenfallen,⁴) findet sich in der Abhandlung auch nicht eine Spur. Hauréaus Ansicht hat darum auch allgemein keinen Beifall gefunden.

Aber trotzdem ist Gundisalvis Schrift **charakteristisch für eine ganze Zeitbewegung.** Sie zeigt uns, wie die durch Boethius und Augustinus übermittelte platonisierende Gedankenrichtung die Aufnahmefähigkeit für den neu zuströmenden neuplatoni-

---

¹) Vergl. Zeller a. a. O. III, b. S. 510 ff.
²) Vergl. oben S. 17 f.
³) Vergl. die oben S. 12, Anm. 1, citierte Abhandlung. Eine kurze Zuzammmenfassung in Hauréaus Histoire de la philosophie scolastique. II. a, S. 81 f.
⁴) Vergl. Hauréau Histoire etc. II. a. S. 79 f. Stöckl, Geschichte der Philosophie des Mittelalters Bd. I. Mainz 1864. S. 291 ff.

schen Gedankenkreis bedingte. Sie zeigt auf der andern Seite, wie bei maßhaltenden Schriftstellern in dieser Aufnahme doch gewisse Grenzen eingehalten wurden. Bei einer weiteren Betrachtung der Entwicklungsgeschichte der Scholastik würde sich zeigen, wie ein tieferes Eindringen in den Geist des Aristoteles diesen neuplatonischen Elementen gegenüber allmählich zu einer Rückbildung führte.[1])

---

[1]) Vergl. Baeumker, Archiv für Geschichte der Philosophie IV. Berlin 1891. S 574 f.

Nachträge.

Im Folgenden verzeichne ich die Lesarten von drei weiteren Handschriften.[1)]

D   Wien, Hofbibliothek, cod. lat. 195, Pgmt.-Handschrift des XIII. Jahrh. (fol. 139^v bis 140^v). Es fehlt der Abschnitt S. 5, 8—8, 14. Das Explicit der Handschrift nennt als Verfasser des Traktates den Boethius.

E   Wien, Hofbibliothek, cod. lat. 5508. Der Traktat *De unitate* findet sich in dem zweiten aus Pergamentblättern bestehenden Teile der Handschrift auf fol. 204^r bis 205^r in Schrift des XV. Jahrhunderts. Die Abhandlung ist dort anonym überliefert.

F   München, Hof- und Staats-Bibliothek, cod. lat. 527, Pgmthdschr. des XIII. Jahrhunderts. Der Traktat steht fol. 10^v — 11^r und ist am Schlusse unvollständig. Als Verfasser der Schrift ist Aristoteles bezeichnet.

Die Handschriften D E F bilden zusammen eine Familie P^2, welcher die durch A B C vertretene Familie P^1 gegenübersteht. Der Text von P^2 ist im Verhältnis zu dem von P^1 gebotenen von weit minderem Werte. Die wenigen Stellen, an denen er zu Besserungen Anlaß giebt, sind im Folgenden angemerkt. Bei mehreren dieser Stellen sind die betreffenden Lesarten übrigens auch von einem Teile von P^1 vertreten.

[1)] Die zahlreichen Abweichungen in der Wortstellung habe ich, um den kritischen Apparat nicht übermäßig auszudehnen, nicht angegeben.

pag. 3, 1: De unitate liber *om* **D**   Incipit liber de unitate et uno **E**   2 esse *om* **D E F**, *fortasse recte*   enim *om* **D E F**   3 sit simplex] sit *om* **D**   sive composita *om* **E**   sit spiritualis] sit om **E F** corporalis **D E**   res *om* **E F**   3—4 res unitate una est *om* **D**   4 nisi unitate *om* **F** sine   unitate **D**   5 nisi albedine] sine albedine **D E F** nec] neque **D**   nisi quantitate] sine quantitate **D E F**   6 semel unitate **D**   una est] una *om* **F** est *om* **E**   etiam] *om* **E** et **F**   est] et **F** quamdiu **D**   id quod est *om* **D E F**   7 quamdiu (tam **F**) in se unitas est *om* **D**   Cum] quod **F**   desinit esse unum *om* **F**   7—8 unum, desinit esse *om* **D E**   8 Unde est] Unum non est **D**   illud *om* **D**   Unde est illud notandum **E**   quidquid est] quidquid autem est **D**   quod quidquid est **E**   9 quia] ut **D**   unum numero est **D E F**, *fortasse recte, cf. p. 17*. Quod sic ostenditur] et sic esse ostenditur **E**.   10 enim *om* **E F**   scilicet *om* **D** est] esse **F**   10—11 in creatis (tantis **F**) . . . ex forma est *om* **E**   11 esse ex] est quod **F**   forma materiae] forma *om* **D E F**   unita] unitas **F**   est] sit **E**   12 est nonnisi] non est nisi **D E**   ex *om* **D**   materiae cum forma **E**   *post* materia *add.* **D** vel e contrario   12—14 unde . . . materia *om* **F**   13 sic *om* **D**   sic esse **E**   illud dicentes *om* **E**   id **D**   dicentes *om* **D**   est] cum **D** 14 cum materia] in materia **D E**   forma materiae] materia formae **D E** unita est **D**   ex *om* **D**   15 necessario *om* **D F**   *pag. 3, 15 — pag. 4,* 1 utriusque . . . constitutione] *om* **E**.

pag. 4, 1 in] ex **F**   constructione **F**   illud *om* **F**   unum *om* **E F**   2 formam *om* **F**, formam cum *om* **E**   materiam retinet **E**   [gitur] ergo **D E F**   rei *om* **E**   non] nihil **F**   est *om* **F**   3 aliud *om* **E** quam] nisi **D E**   *post* separatio *add* **D** et mutatio continua   3—4 formae — sunt *om* **D**   4 ergo **E F**   sicut ergo res ex separatione destruitur **D**   profecto] perfectio sic **D**   5 in suo esse *om* **F**   nonnisi] nisi

E ex unitione **D** conservatur **D E F** 5—6 autem — unitate *om* **E** 6 ab unitate **D** Quae] Et **D F** cum] tunc **F** cum est ab **E** ab *om* **F** unito] unitate **D** una **E** unitio **F** separatur] separata **F** unitio] ab unitate **F** quia **F** 7 unitate **D** unitatione **F** essentia] esse **F** quod] cum **D** *om* **F** quae **E** 8 ex] cum **F** unitione] coniunctione **F** processerat **E** quare fit] quod sit **D** quia fit **E** quia sic **F** non-unum] unum **D** 9 sicut] sic **F** ad esse ducitur] debet ab esse **D** et] in **F** et in **D** illo *om* **E** 10 custoditur] ostendetur **D** custodiuntur **E** unde] unum **F** inseparanter **D** communicant **F** 11 et *om* **D** esse *om* **F** natura] unum natura **E** illis **F** 12 Quia] et **F** enim *om* **E** vere *om* **D** ideo] est **D** hoc **F** 13 in hoc numero] hanc **F** hoc in munere **D E** ut] quod **D** unaquaeque (utraque **F**) res **E** habeant **F** esse una] esse et sit una **D** esse et una sit **E** esse unum **F** Ac] Hac **F** 14 ex quo *om* **F** habet] habeat **E** est *om* **F** 15 subiectorum **F** propter] ut **D** unum et nihil *om* **D** nihil] natura **E** 16 qua **F** appetit] appetunt **D** multa natura sed **F** sed et omnia **E** omnia] esse **F** sicut et esse appetunt **E** esse *om* **F** 17 sic *om* **E** ita **F** et *om* **F** unum] dant **D** esse] est **E** enim] tunc **F** omnia *om* **F** naturaliter omnia esse **D** 18 id autem habere **D** potest **D** sit **D** sicut **F** 19 enim est] unum est **E** quae] quod **D** ligat et unit **F** et *om* **F** continet **F** 20 divisa **F** in omnibus *om* **F** 21 unitatem **E** unum **F** 22 sui] materiae **F** formam autem] forma et **E** formam] forma **F** autem *om* **F** vero **D** tenet] habet **D** unita **E** *om* **F** cum] in **F** 23 unitas] unitate **E** unitas sit **F** ideo et **E** eget *om* **E** ad] id **F**.

pag. 5, 1 sustinendum **F** esse] se **D** enim] igitur **D** est *om* **F** eo] ex eo **D** 2 defluit **D E F** per naturam suam **E** sua habet] suarum **F** 2—3 dividi et multiplicari **D E F** 3 dispergi **E** retinet] remanet **D F** unit *om* **D** et unit **E** unum **F** colligit unum **D** Ac] Et **E** per hoc] perhibet **D** ne *om* **F** 4 materia tantum dividunda **F** dispergatur **D E** 5 detineatur **D** 6 unitur] videtur **E** Igitur — se *om* **D E** Quidquid enim **D** aliam **F** *pag. 5,* 8 — *pag. 8, 14* contraria agentis — et non ita tota *om* **D** 6 igitur materia *om* **F** 6—7 Quod... utique *om* **F** 7 spargitur] significat **F** 8—9 aliquam — rei] et materia contrariam rem ageneratur facit contraria formae rerum **E** contraria] contradictoriam **F** factae] forma **F** 9 enim *om* **E** Quapropter] qualiter **F** 10 facit *om* **E** profecto] imperfecta autem **F**

11 retinet et materiam F quod] quidquid E F 12 ergo] igitur E F in
materia rei E 13 perficit] perficitur E custodit] cur dedit E essentiam] esse iam E cuiusque] uniuscuiusque E F est om F 15 et vera
unitas] unitas una est F unitas est vera unitas E sibi] est E 16 et
creavit E esset] est E F intra E materia F eam] crearet F
Sed om F 17 creatum] tantum F omnino om E ab eo om F a
quo] a om E 18 creata] causam F omnino] animo F divisa F 19
— 21 non ... unitati om F 20 nec permutationem om E nec diversitatem] neque E 21 et diversitas om E 22 finem et in F quadam] quibusdam E 23 vero om E F quia] et F quibusdam tam
subiacet F mutationi E 24 corruptioni et in F.

pag. 6, 1 quibus] quibusdam F. *Illud* quibus, *quod coniectura in
contextum recepimus, firmatur auctoritate codicis* E subtiliter F 2 contrarietate] qualitate E separatione] perfectione F parificatur] et parificatur F et coaequata E et unitur] unam F, et *om etiam* E 3 ea] eo
E ut *om* F sit F non divisibile] indivisibile F 4 in *om* E caelestibus]
corporibus supercaelestibus E caelestibus corporibus F in quibus *om* F
5 caret F 6 debilis] et divisibilis E ei *om* E sed] immo E 7 uniendo et] unita in 8 ab] in F *om* E 9 et finem *om* E 10 unitas]
res F fuerit *om* F verae] secundae F 12 remotior] tenacior F
tanto erit] erit *om* E multiplicior] tenacior F 13 comparatior F 14
unitas] materia F ducit F materiam *om* F intelligibilem F 15
una et simplex] una simpliciter E, et *om etiam* F non multiplex *om* E
neque F 16 essentialiter *om* F est *om* E siquidem] quidem E
16—17 accidentaliter est] est *om* E 17 ideo] iam F unitas est simplicior F 18 ceteras] creatas E 19 cohaeret] adhaerent E sed] autem F 20 subsistans F in materia est intelligentiae est (*sic!*) E 20
— 21 in materia ... subsistens *om* F simplicitatis] simplex E 21
necessario *hic om* E animae necessario E infra] intra E *om* F 22
eam] esse F est *om* F crescit] causata E essequescit F mutatio]
unitio E 23 sic] similiter F a superiore *om* E 24 gradum *om* E 25
pervenitur] perveniat E *om* F materiam] naturam F scilicet] et F
26 huiusmodi F Quae quia] quaeque F prima] propria E.

pag. 7, 1 spissa est E stricta F est (*post* constricta) *om* E
2 grassitudinem F suam *om* F oppositam F est *om* F 3 illa] ipsa
F principii] primum F 4 initium F unitatis *om* F haec] illa
E 5 unitas F quoniam] quia E 6 dicti F defectus principii

unitatis vel virtutis **E** secundum] substantiam **F** 7 degeneratio] de genere **E** descensio **F** 8 minoratio] minoritatis **F** ad] et **E** 9 quae] *om* **E** subtilis] tenuis **E** 10 defluctus **F** et stagnis *om* **E** inspissatur] spissatur **E F** 11 propter] per **F** quae) etiam **F** 12 eam] *om* **E** nam quia] namque **F** quia *om* **E** et *om* **E** 13 eius *om* **E** est *om* **E** eius (*ante* corporale) et **F** *om* **E** eius (*post* aliquid) et **F** *om* **E** et lucidum] aliquid liquidum **E** et (*ante* aliquid) *om* **E F** 14 eius *om* **E F** obscurum] obscinditur **F** 15 vero *om* **E F** 18 unitionem **E** qua] *coniectura a nobis ex* quia *vel* quae *restitutum comprobatur auctoritate codicis* **E** Inde est] ideo est **E** ideoque **F** 19 quod *om* **F** videmus] non dicimus **E** nimis] quia eius **E** unitas et simplices] unitas simplex **E** aequales] aequalis **E** 20 adeo quod] ideoque **F** eius] materiae **E** videtur una] dividitur inde in materia **F** videtur *om* **E** habens] habet **E** in se *om* **F** 21 vero] autem **F** 22 adeo quod] adeoque **F** unitates] virtutes **F** discerni non possunt **F** 23 unitatis iam *om* **E** iam *om* **F** est *om* **F** obscuritas] obsequentis **F**.

pag. 8, 1 Quia] Quod **E** igitur] ergo **F** a materia **E** 2 vero *om* **E** forma *om* **F** 3 forma *om* **F** 4 autem in infimis *om* **F** in finis formae **E** 5 hoc vero **E** 6 recipientis **F** susceptibilis **E** est *om* **F** 7 cognitur **F** rei habetur non] non habetur nisi **E** 9 est *om* **F** inest **E** 9 — 10 cui infunditur *om* **E** 10 vel obscurior *om* **E** quo] si **F** 11 fit] et **E** subtilior et] et *om* **E** 12 fit sapientior et perfectior] perfectior est et sapientior **E F** 13 quo] quae **F** 13 — 14 quo materia — lumine *om* **E** 14 penetrans **F** quo] quanto **F** 15 magis] materia **F** enim *om* **F** sicut iam dictum est *om* **D** iam *om* **E F** 16 astringitur **F** constringitur et spissatur **D E** corpulentatur] copulatur **D** eius] huius **D** 17 ultimas perfecte] partes medias **D** ultimas partes **F** lucernas perfecte **E** Non enim est] Et non est **D** 18 impossibile **D** ut] quod **D E F** tantum] tam **D** luminis *om* **D** quantum] quam **D** qui habet **F** 19 perveniat **E** quantum] quam **D** 20 perveniatur] veniat **E** usque *om* **D E** partem *om* **F** 21 materiae *om* **E** Quae] Et **E** 22 lumen in via debilitatur **E** in illa *om* **E** Nec] Cum **D** tamen] tantum **F** fit] est **E** sit **D** *Post* fit *add* **D** sicut dictum est non; *add* **F** sicut nunc dictorum est 23 *post* in se *add*. **E** sicut praedictum est 23 multam] *om* **D E** densitatem] nigredinem **D** diversitatem **E** et *om* **D** obscuritatem] depressam **D** materiae *om* **D** 24 se] illa **D** eo **F** solis *om* **D E F** cum *om* **D** tenebroso] obscuro **D** umbroso **F**.

pag. 9, 1 non] nec **D** illius] tantae **D** cuius cum **D F** quod **E** est *om* **D** admixtum] admiscetur **D** aeri *om* **E** vel *om* **F** 2 pannus] paries **D** cum *om* **E** a corpore, colore **D** 3 occultatur candor] occultatur et ardet **F** obscuratur color **E** habundantiam **D E F** 4 vitreae *om* **F** post] prae **E** 5 aliam recte] alia circa **E** recte *om* **F** radium] radios **E** disponantur] recte deponuntur **E** 6 siquidem simpliciter **F** recipit luminis] suscipit lumen **E** recipit lumen **D** *pag.* 9, 6 et tertia . . . *pag. 11, 14* quod est *om* **F** 7 et sic deinceps **D** 9 ita et lumen *om* **E** 10 obscurum] obscuratur **E** 11 discrepet a medio] distat medio **D** 13 unitatis *om* **D** 14 aliquid esse *om* **D** ab unitate **D** enim *om* **D** 15 unum *om* **D** Aliud est **D** 16 unum] tantum **E** et anima *om* **E** 17 et formae] cum forma **D** 18 et petra **E** est *om* **E** 19 tabulis una] tabulis fit una **E** area] archa **D E** vel] et **E** ex *om* **D** parietibus] partibus **D E** 20 Aliud dicitur **E** et grex] et *om* **D E** 21 et congeries **E** vel *om* **E** tritici] terre **D** dicuntur *om* **D** 22 unum *om* **D** et *om* **D** 23 officii] negotii **E** 23 — 25 accidente — cygnus] *om* **E** 24 subiecta] substantia **D** 25 cignus **D** unum sunt] dicuntur unum **D** in *om* **D E** 26 diversa accidentia] diversi actus **E** quae] qui **E** subiecto] substantiae **E**.

pag. 10, 1 in *om* **D** ut] et **D** et hoc caeruleum *om* **E** vel] et **D** 2 et hoc latum] vel latum **E** sed] et **D** 2 — 3 sed hoc duobus modis, quia vel ratione *om* **E** 4 unum sunt genus **E** genus *om* **D** unius *om* **E** 5 spiritus et aqua **D E** 6 natura *om* **E** ut] vel **D** participatione] participio **E** ut plures **D** 7 sunt unus homo **D** unus homo **E** natione] cognatione **E** 8 gens una] unum genus **D** gens *om* **E** una vel] unum et **E** 9 sed] et **D E** dupliciter **E** vel *om* **E** sensum **E** 10 dilectionis] dissensionis **E** Multitudo **E** erat] et **E** *om* **D** unum *om* **E** et anima] vel anima **D E** 11 una *om* **E** vel *om* **E** 12 adhaerent **D** 13 efficitur cum ea **E** 14 ut etiam] ut ea **D** et ea **E** 15 velint] volunt **D E**, *quae lectio cum praecedenti et pro ut retinenda nunc videtur* id quod sunt *om* **D** aut quam **D** 16 vera] a vera **D** ea **E** esse nituntur] *omisso* esse: uniuntur **D**, *omisso* nituntur: unum esse **E** saltem *om* **D** saltim **E** simulando] solummodo **D** nituntur] metiuntur **D**; *legendum est:* mentiuntur, *quod praebet* **B** (*Paris. Bibl. nat. 14 700*) 17 vel est] vel *om* **E** vel plura] aut plura **E** autem] enim **E** 18 nisi *om* **E** congregatione **E** multarum unitatum **D** si sunt] sic sunt **E** 19 segregatae **E**   fuerint] sint **D**   19 — 20 continuae in materia] in materia unitae **D**   21 unitates *om* **D**   continuae *om* **D**   20 — 21 quantitatis — continuae] continuitatis et unitates quantitatis discretae **E**   22 istae] illae **D**   et istae **E**   23 vero *om* **E**   ergo] autem **D**   disgregato] congregatione **D**   24 in continuo *om* **D**   non est] nihil illud est **E** 24 — 25 continuatio disgregatorum] continuatorum disgregatarum **D**   25 *ante* Ac *addit* **D** Et e contrario.

pag. 11, 1 veniat **E**   in substantiam] naturae vel materiae **D**   2 enim] autem **D**   quantitatis signaveris] singulaveris *omisso* quantitatis **D**   quantitati minus **E**   4 intelligi] intellectus **D**   [con]tinuae et discretae **D**   5 una] unum vel unitas **D**   composita] componitur **D**   6 resolvitur **D**   quo] quanto **D**   7 fuerint] fiunt **D**   sibi *om* **D**   erit] est **D**   8 quo magis fuerint] quanto magis fiunt **D**   9 dissolutae sunt **D**   10 quod *om* **E**   11 — 12 confluctione] constructio **D** constrictione **E**, *quae lectio in contextum recipienda est*   12 in illa] intellecta **D**   13 ergo **D**   quaeque **D**   res est] res dicitur **D**   14 quod est unum **D**   Explicit liber de unitate et uno a boetio editus **D** Explicit liber de unitate et uno **E**   Explicit liber Aristotilis de unitate et uno **F.**